SINODO DEI VESCOVI
XV ASSEMBLEA GENERALE ORDINARIA

I GIOVANI, LA FEDE E IL DISCERNIMENTO VOCAZIONALE

DOCUMENTO FINALE

Il frutto dell'Assemblea Sinodale

Invito alla lettura di **Don Rossano Sala**
Segretario Speciale del Sinodo dei Vescovi

Collana SERVIZIO DELL'UNITÀ

Sinodo dei Vescovi - XV Assemblea generale ordinaria, **I giovani, la fede e il discernimento vocazionale. Documento finale**

Sinodo dei Vescovi - XV Assemblea generale ordinaria, **I giovani, la fede e il discernimento vocazionale.** ***Instrumentum laboris***

Sinodo dei Vescovi - XV Assemblea generale ordinaria, **I giovani, la fede e il discernimento vocazionale. Documento preparatorio e questionario.** *Con la lettera di Papa Francesco ai giovani*

Papa Francesco, **Gaudete et exsultate.** *Esortazione apostolica sulla chiamata alla santità nel mondo contemporaneo*

Papa Francesco, **Amoris laetitia.** *Esortazione apostolica postsinodale*

Papa Francesco, **Laudato si'**. *Lettera enciclica sulla cura della casa comune*

1ª ristampa: novembre 2018

www.ELLEDICI.org

Corso Francia, 333/3 - 10142 Torino

☎ 011 9552111 ✉ info@elledici.org

ISBN 978-88-01-06526-8

Invito alla lettura

di Rossano Sala*

1. La tappa centrale del processo sinodale

Il cammino di preparazione della XV Assemblea Generale Ordinaria del Sinodo dei Vescovi è stato lungo e articolato. Dal 6 ottobre 2016, quando fu annunciato il tema, di passi se ne sono fatti tanti: la pubblicazione del *Documento preparatorio* (13 gennaio 2017), l'apertura del *Questionario on line* per i giovani (giugno-dicembre 2017), il *Seminario internazionale sulla condizione giovanile* (11-15 settembre 2017), la *Riunione presinodale* dei giovani (18-24 marzo 2018), la pubblicazione dell'*Instrumentum laboris* (19 giugno 2018). Nell'imminenza del Sinodo è stata pubblicata anche la Costituzione Apostolica *Episcopalis communio* (17 settembre 2018), attestando ancora una volta che il Sinodo diviene sempre di più un processo continuo piuttosto che un evento puntuale nella vita della Chiesa.

Dopo tutti questi momenti di "preparazione" c'è stata la tappa fondamentale: la vera e propria Assemblea sinodale si è tenuta a Roma dal 3 al 28 ot-

* Direttore della rivista «Note di pastorale giovanile», Docente di pastorale giovanile presso l'Università Pontificia Salesiana e Segretario Speciale del Sinodo dei Vescovi.

tobre 2018: cardinali, vescovi, sacerdoti, laici e giovani hanno dato vita a quasi un mese di confronto sereno e costruttivo, che ha prodotto il *Documento finale* che ora presentiamo. Effettivamente questa è la tappa centrale di tutto il processo sinodale: è il momento in cui la Chiesa universale, lasciandosi guidare dallo Spirito del Signore e rimanendo sotto la guida del successore di Pietro, ha vissuto il momento centrale del processo. Si tratta di quel camminare insieme che ci fa Chiesa nella storia, cioè sacramento di unità di tutto il genere umano.

Il cammino non è però finito. A questa tappa decisiva certamente ne seguiranno delle altre: probabilmente una *Esortazione apostolica post-sinodale*, forse anche una *Riunione postsinodale* con i giovani. Forse altro ancora, ora non lo sappiamo. Certamente, lo possiamo affermare con convinzione, il Sinodo è sempre meno un evento isolato e sempre più un processo vivente. D'altra parte la stessa parola "sinodo" significa "percorrere insieme la stessa strada", e quindi diventa sempre più norma della Chiesa la necessità non solo di incontrarsi ogni tanto, ma di camminare insieme come Chiesa. Essere Chiesa sinodale è il segno della comunione dei discepoli del Signore in un mondo frammentato: vera profezia di fraternità che fa la differenza e prima forma di apostolato nel mondo di oggi a cui i giovani sono particolarmente sensibili.

2. La struttura e i contenuti

Ci troviamo davanti a un *Documento* ampio e articolato di 167 numeri, diviso in tre parti, similmente all'*Instrumentum laboris.* La prima chiave di lettura per comprenderlo è il testo biblico che lo accompagna dall'inizio alla fine. Il testo dell'incontro e del cammino di Gesù con i due viandanti diretti a Emmaus è stato indicato dalla maggior parte dei Padri sinodali come referente privilegiato per essere Chiesa significativa oggi per i giovani. Le tre parti del *Documento finale* si rifanno ai tre momenti fondamentali dell'episodio («Camminava con loro»; «Si aprirono loro gli occhi»; «Partirono senza indugio»). Gesù che cammina con loro, ascoltandoli con dolcezza e lasciando che si esprimano dal loro cuore confuso; Gesù annuncia e spezza il pane, riorientando la loro vita; i discepoli ripartono e testimoniano il loro incontro con Gesù. È la storia della Chiesa; è la storia di ogni comunità; è la nostra storia con Dio; è anche la storia di ogni giovane. La narrazione evangelica è attuale: Gesù spezza il pane per noi come lo ha fatto per quei discepoli la sera di Pasqua. Il significato profondo di tutto ciò sta in un cammino che dobbiamo fare insieme con i giovani e con Dio. Non si può pensare alla Chiesa e ai giovani come a due entità separate; non si può pensare a Dio e ai giovani come entità separate; non si può pensare a Dio e alla Chiesa come a due realtà separate! Emmaus è quindi un'immagine di comunione e condivisione, dove lo Spirito del Signore unisce e crea sinfonia tra tutti: unisce garantendo la bontà delle nostre differenze, crea comunione in una nuova armonia. A partire da questo legante biblico si snocciolano le tre parti, ognuna composta di quattro capitoli.

2.1. *Prima parte: riconoscere, ovvero ascoltare e vedere con empatia*

La prima parte è legata al verbo "riconoscere", che richiama l'ascolto e la visione della realtà, a quel lasciarsi colpire, istruire dalle cose così come sono, in una prospettiva autenticamente "fenomenologica".

I Padri sinodali hanno sottolineato qui la necessità di entrare in empatia con il mondo dei giovani, attraverso un ascolto autentico, che sempre deve concretizzarsi in una contestualità chiara, perché nel mondo vi sono enormi differenze sotto tutti i punti di vista.

Tre snodi cruciali sono stati da loro individuati nel secondo capitolo: la novità dell'ambiente digitale, riconosciuto come una realtà pervasiva insieme promettente e pericolosa; il fenomeno drammatico delle migrazioni, che assumono il ruolo di paradigma del nostro tempo e ci ricordano l'essenza della fede, fatta di cammino verso una patria; infine il triste capitolo degli abusi di tutti i tipi, che in alcune realtà ecclesiali è causa di sconcerto e di perdita di credibilità a tutto campo.

Nel terzo e nel quarto capitolo della prima parte viene messa a tema prima la dinamica delle relazioni, che trova nei rapporti famigliari, in quelli con il proprio corpo e con la propria vulnerabilità gli assi della costruzione della propria identità; poi vengono presi in considerazione gli aspetti culturali, religiosi e spirituali della condizione giovanile odierna, caratterizzata da originalità e specificità con cui fare i conti.

2.2. Seconda parte: interpretare, ovvero lasciarsi guidare dallo Spirito

La seconda parte cerca di andare alle radici dei temi sinodali, conformemente al verbo "interpretare", che chiede profondità di visione, possibile solo alla luce dello Spirito. Non per nulla proprio all'inizio della seconda parte si invoca una "Nuova pentecoste", che ci riporta non solo alla nascita della Chiesa, ma anche all'evento del Concilio Vaticano II.

Nel primo capitolo viene messa a tema una vera e propria "antropologia della giovinezza", che parte da Gesù "giovane tra i giovani", passa per la necessità di crescere verso l'adultità della vita e della fede e fa perno intorno alla dinamica della libertà, che è insieme "responsoriale" – ovvero preceduta e generata da un atto di amore e quindi originariamente legata a una risposta d'amore – e "responsabile" – ovvero in grado di rendere conto delle proprie azioni e scelte nell'ottica del dono.

Nel secondo capitolo si approfondisce ancora una volta il "mistero della vocazione" come chiamata di Dio alla gioia dell'amore nell'ottica di un'alleanza d'amore per la vita di tutti.

Accompagnamento e discernimento sono invece gli approfondimenti del terzo e del quarto capitolo, che trovano nuova luce: al centro sta la Chiesa come casa dell'accompagnamento e ambiente del discernimento: emerge ancora una volta la fame di accompagnatori adeguati e insieme il ruolo della libertà e della coscienza nella pratica del discernimento.

2.3. Terza parte: camminare insieme, uscire insieme, formarsi insieme

La terza parte, legata al verbo "scegliere", ha una forma per così dire a rombo. Lo slancio della terza parte è forte: incomincia dalla corsa della Maddalena, che con il suo primo annuncio spiazza la Chiesa degli apostoli.

Il primo capitolo, quello della "sinodalità missionaria", offre il tono e i criteri di una Chiesa non solo missionaria, ma prima di tutto sinodale. Che cosa significa? Che camminare con i giovani implica una forma di Chiesa capace di vivere la comunione tra tutti i suoi membri. La conversione spirituale, pastorale e missionaria deve partire dalla forma complessiva della Chiesa, che è chiamata ad essere sempre più sinodale.

Da questa formidabile intuizione prendono corpo il secondo e il terzo capitolo: il secondo più legato al lavoro di riforma interna della Chiesa, che si concentra quindi sulla vita della comunità piuttosto che sulle sue strutture e sull'animazione della pastorale giovanile in chiave vocazionale; il terzo orientato ad uno slancio missionario verso le sfide più urgenti, toccando così tutte le questioni "calde" del nostro tempo.

Coerentemente con il cammino svolto, il quarto capitolo è dedicato completamente alla formazione, considerata l'elemento qualificante e necessario per ogni cambiamento: formazione integrale e concreta in un mondo complesso, che tocca tutte le componenti della Chiesa. Qui ci sono, più che in altre parti, delle proposte concrete di rinnovamento, di cui segnalo la più importante al n. 161, dove si propone che ogni realtà ecclesiale possa accogliere dei giovani per un certo periodo e accompagnarli in vista di un discernimento, garantendo almeno tre condizioni: una vita fraterna gioiosa e sobria, una missione apostolica forte e una proposta di spiritualità solida. Molti Padri pensavano a un anno di permanenza, staccandosi dal proprio ambiente, ma ogni contesto la deve pensare a dovere.

3. I giovani nel Documento finale

Nel suo insieme il *Documento finale* ha una visione speranzosa e positiva dei giovani. Li ritiene soggetti capaci di scelte, in grado di sognare cose grandi, abitati della presenza di Dio, che a volte va risvegliata con una pastorale capace di proposte significative e graffianti. Una visione che non mi dispiace chiamare "salesiana", nel senso che affonda le sue radici nell'ottimismo antropologico che viene da san Francesco di Sales. Questo santo ci ha trasmesso quella capacità di vedere Dio presente in ogni giovane, anche il più difficile. Don Bosco ha fatto sua questa visione. Mi pare che il *Documento finale* abbia fin dall'inizio uno sguardo di questo tipo: non nasconde le debolezze dei giovani, ma va in profondità, scorgendo la presenza e l'azione di Dio in loro. Non si nascondono quindi le ombre che abitano il nostro tempo, che ci sono ma non prevalgono: vince invece la luce della fede, che sempre cerca la strada buona per arrivare al cuore di ogni uomo, che sempre cerca quel punto accessibile al bene, che mai dispera ma sempre tenta ogni via per portare Dio ai giovani e i giovani a Dio.

La sinodalità vissuta nel mese di ottobre ha poi messo al centro i giovani come protagonisti del cambiamento. Il cammino in atto ci ha insegnato che non ci sono oggetti e soggetti della pastorale, ma che si cammina insieme. Insieme alla narrazione di Emmaus i Padri sinodali hanno scelto altri testi biblici che appaiono strategici per comprendere quanto sia importante il protagonismo giovanile nel nostro tempo.

Sono due racconti di risurrezione. Il primo riprende la corsa verso il sepolcro di Pietro e Giovanni. Parlando della sana inquietudine che caratterizza la vita dei giovani, al n. 66 del *Documento finale* si dice che «i giovani, per certi aspetti, possono essere più avanti dei pastori» e si spiega anche come e perché è necessario rafforzare quelle alleanze intergenerazionali che permettono alla Chiesa di rinnovarsi:

> Il mattino di Pasqua il giovane Discepolo Amato è arrivato per primo al sepolcro, precedendo nella sua corsa Pietro appesantito dall'età e dal tradimento (cfr. *Gv* 20,1-10); allo stesso modo nella comunità cristiana il dinamismo giovanile è un'energia rinnovatrice per la Chiesa, perché la aiuta a scrollarsi di dosso pesantezze e lentezze e ad aprirsi al Risorto. Allo stesso tempo, l'atteggiamento del Discepolo Amato indica che è importante restare collegati con l'esperienza degli anziani, riconoscere il ruolo dei pastori e non andare avanti da soli. Si avrà così quella sinfonia di voci che è frutto dello Spirito.

Per andare ancora più avanti con temerità l'inizio della terza parte incomincia con la corsa della Maddalena verso gli apostoli. Anche qui si vede molto bene che, utilizzando questa icona biblica, i Padri sinodali hanno affermato che gli apostoli sono raggiunti da un annuncio che li precede e li sorprende. Quello della Maddalena, immagine ancora una volta dei giovani che anticipano i pastori e gli anziani, è il primo annuncio e la tradizione della Chiesa definisce questa donna "apostola degli apostoli":

In continuità con l'ispirazione pasquale di Emmaus, l'icona di Maria Maddalena (cfr. *Gv* 20,1-18) illumina il cammino che la Chiesa vuole compiere con e per i giovani come frutto di questo Sinodo: un cammino di risurrezione che conduce all'annuncio e alla missione. Abitata da un profondo desiderio del Signore, sfidando il buio della notte la Maddalena corre da Pietro e dall'altro discepolo; il suo movimento innesca il loro, la sua dedizione femminile anticipa il cammino degli apostoli e apre loro la strada. All'alba di quel giorno, il primo della settimana, giunge la sorpresa dell'incontro: Maria ha cercato perché amava, ma trova perché è amata. Il Risorto si fa riconoscere chiamandola per nome e le chiede di non trattenerlo, perché il suo Corpo risorto non è un tesoro da imprigionare, ma un Mistero da condividere. Così ella diventa la prima discepola missionaria, l'apostola degli apostoli. Guarita dalle sue ferite (cfr. *Lc* 8,2) e testimone della risurrezione, è l'immagine della Chiesa giovane che sogniamo (*Documento finale*, n. 115).

4. Il frutto e il cammino

Per cogliere la fruttuosità dell'Assemblea sinodale, cioè ciò che di nuovo lo Spirito ha suggerito rispetto al cammino fatto in precedenza, bisogna confrontare l'*Instrumentum laboris* con il *Documento finale*:

Il primo è il quadro di riferimento unitario e sintetico emerso dai due anni di ascolto; il secondo è il frutto del discernimento realizzato e raccoglie i nuclei tematici generativi su cui i Padri sinodali si sono concentrati

> con particolare intensità e passione. Riconosciamo quindi la diversità e la complementarità di questi due testi (*Documento finale*, n. 3).

Se nell'*Instrumentum laboris* ci sono tutte le questioni sollevate da due anni di ascolto a tutto campo, nel *Documento finale* i Padri sinodali hanno messo a fuoco ciò che ritenevano più importante per la vita della Chiesa e per il rilancio della pastorale con e per i giovani. Decisivo quindi rimane il confronto tra i due *Documenti*, perché da esso si possono vedere anche le autentiche novità che l'*Assemblea sinodale* ha portato nella coscienza ecclesiale.

4.1. Il frutto: la riscoperta della sinodalità

Dal mio personale punto di vista, di punti innovativi ce ne sono molti, ma la vera novità è la riscoperta della sinodalità nella Chiesa. In questa direzione il primo capitolo della terza parte fa la differenza. Lì, per così dire, il *Documento finale* mette il turbo, perché la prospettiva diventa "sistemica", cioè si passa alla sinodalità, che è il nome giusto per dire a tutti: "Camminiamo insieme con i giovani!" Non si tratta di fare "un'opzione preferenziale per i giovani" – perché sarebbe troppo poco! –, ma una scelta di sinodalità, dove i giovani, in un insieme ecclesiale che raccoglie ogni battezzato, sono i protagonisti. Nessuno nella Chiesa è un semplice "destinatario", ma tutti abbiamo qualcosa da dare e qualcosa da ricevere, a partire dai giovani.

Penso che i giovani siano stati la chiave che ha spalancato le porte della sinodalità nella Chiesa! Questo è un grande risultato, una novità dello Spirito che non era presente nella preparazione del Sinodo, ma che poi ha fatto irruzione, spiazzando qualcuno. È giusto così, lo Spirito del Signore non è mai scontato, ma fa nuove tutte le cose, entra quando meno te lo aspetti e ti fa cambiare direzione, ti apre strade nuove, inimmaginabili e meravigliose.

Il primo frutto di questo Sinodo, ben visibile dal *Documento finale*, è che non si possono problematizzare i giovani perché si sono allontanati dalla Chiesa; va invece verificata e rilanciata la qualità evangelica della Chiesa nel suo insieme. In questo senso si parla della forma della Chiesa come «sinodalità missionaria»: è un termine nuovo, che forse a qualcuno sembrerà un po' strano, ma in realtà il suo significato è tanto profondo quanto semplice. Esso afferma che la missione della Chiesa, se non vuole essere proselitismo, deve partire dalla qualità relazionale dei suoi membri, giovani compresi. La comunione ecclesiale non è solo un presupposto, ma è la prima e più importante forma di testimonianza e base per ogni opera missionaria. Chiave di volta dell'intero *Documento finale* mi pare il n. 118, nel momento in cui afferma che

> il frutto di questo Sinodo, la scelta che lo Spirito ci ha ispirato attraverso l'ascolto e il discernimento è di camminare con i giovani andando verso tutti per te-

stimoniare l'amore di Dio. Possiamo descrivere questo processo parlando di sinodalità per la missione, ossia sinodalità missionaria: «La messa in atto di una Chiesa sinodale è presupposto indispensabile per un nuovo slancio missionario che coinvolga l'intero Popolo di Dio» (COMMISSIONE TEOLOGICA INTERNAZIONALE, *La sinodalità nella vita e nella missione della Chiesa*, 2 marzo 2018, n. 9). Si tratta della profezia del Concilio Vaticano II, che non abbiamo ancora assunto in tutta la sua profondità e sviluppato nelle sue implicazioni quotidiane, a cui ci ha richiamato Papa Francesco affermando: «Il cammino della *sinodalità* è il cammino che Dio si aspetta dalla Chiesa del III millennio» (FRANCESCO, *Discorso per la Commemorazione del 50° anniversario dell'istituzione del Sinodo dei Vescovi*, 17 ottobre 2015). Siamo convinti che tale scelta, frutto di preghiera e di confronto, consentirà alla Chiesa, per grazia di Dio, di essere e di apparire più chiaramente come la "giovinezza del mondo".

4.2. Il cammino: il vero Sinodo comincia adesso!

L'*Assemblea sinodale* si è conclusa da poco, ma il Sinodo non è per nulla finito. Continua nelle Chiese particolari, continua in un auspicato rinnovamento della nostra pastorale. Dal 3 al 28 ottobre vi è stato un grande momento di comunione nella Chiesa: lo Spirito del Signore ha soffiato, confermando ciò che di bene si sta facendo e aprendo nuove vie per la comunione e la missione.

È stato prodotto un *Documento finale* ampio e articolato, che deve fare bene al nostro cuore. Un testo che nessun operatore di pastorale giovanile può lasciar passare con superficialità, perché lì sono contenute riflessioni, profezie e linee di azione per una rinnovata pratica pastorale con e per i giovani. Deve diventare per tutti oggetto di studio, riflessione, approfondimento, confronto, verifica e rilancio.

Soprattutto nessuno deve pensare che il Sinodo sia finito. Esso è un processo di conversione pastorale e missionaria che continua nella Chiesa. Sono stati individuati nuovi orizzonti, primo fra tutti quello della "sinodalità", che in poche parole invita la Chiesa a camminare insieme con i giovani: tale acquisizione si radica nella certezza che ogni battezzato ha qualcosa da dare e qualcosa da dire a tutti gli altri. Sinodalità è il nome ecclesiale della partecipazione: non è democraticismo né parlamentarismo, perché la verità non si mette ai voti e non si decide per alzata di mano, ma va riconosciuta insieme con gioia e umiltà. In un tempo di crisi delle democrazie a tutti i livelli, non siamo chiamati ad essere nella Chiesa dei "cittadini", ma invece dei "battezzati" unti dello Spirito di santità e testimonianza, parte viva di un corpo che siamo chiamati ad animare in comunione con le altre membra. Siamo Chiesa nel momento in cui ci mettiamo insieme in ascolto dello Spirito: tutti noi siamo chiamati a ricevere e fare nostri gli appelli del Signore, presente e operante nella storia. Nel mese di ottobre si è lavorato così, secondo il metodo del discernimento spirituale fatto di tre tappe (riconoscere, interpretare, scegliere): non è più un *optional* questo modo di camminare, deve diventare *habitus* di ogni comunità cristiana, di ogni comunità religiosa, di ogni Diocesi e di ogni Conferenza Episcopale e della stessa Chiesa universale.

Riconoscendo con forza che ogni battezzato è un "luogo teologico", in particolare lo sono i piccoli e i poveri. Non per nulla i giovani sono stati riconosciuti fin dall'inizio una realtà da cui Dio parla, da cui Dio lancia i suoi appelli alla conversione:

> Crediamo infatti che anche oggi Dio parla alla Chiesa e al mondo attraverso i giovani, la loro creatività e il loro impegno, come pure le loro sofferenze e le loro richieste di aiuto. Con loro possiamo leggere più profeticamente la nostra epoca e riconoscere i segni dei tempi; per questo i giovani sono uno dei "luoghi teologici" in cui il Signore ci fa conoscere alcune delle sue attese e sfide per costruire il domani (*Documento finale*, n. 64).

Ecco perché il Sinodo è un processo che continua. Il Santo Padre, alla fine dell'*Assemblea sinodale*, ha detto che il *Documento finale* deve entrare nel nostro cuore, deve farci del bene, deve metterci in movimento. Non è il documento che conta, ma quello che potrà produrre nel nostro cuore, nella nostra mente e nelle nostre mani.

Introduzione

L'evento sinodale che abbiamo vissuto

1. «Su tutti effonderò il mio Spirito; i vostri figli e le vostre figlie profeteranno, i vostri giovani avranno visioni e i vostri anziani faranno sogni» (*At* 2,17; cfr. *Gl* 3,1). È l'esperienza che abbiamo fatto in questo Sinodo, camminando insieme e ponendoci in ascolto della voce dello Spirito. Egli ci ha stupito con la ricchezza dei suoi doni, ci ha colmato del suo coraggio e della sua forza per portare al mondo la speranza.

Abbiamo camminato insieme, con il successore di Pietro, che ci ha confermato nella fede e ci ha rinvigoriti nell'entusiasmo della missione. Pur provenendo da contesti molto diversi dal punto di vista culturale ed ecclesiale, abbiamo avvertito fin dall'inizio una sintonia spirituale, un desiderio di dialogo e una vera empatia. Abbiamo lavorato insieme, condividendo ciò che ci stava più a cuore, comunicando le nostre preoccupazioni, non nascondendo le nostre fatiche. Tanti interventi hanno generato in noi commozione e compassione evangelica: ci siamo sentiti un solo corpo che soffre e gioisce. Vogliamo condividere con tutti l'esperienza di grazia che abbiamo vissuto e trasmettere alle nostre Chiese e al mondo intero la gioia del Vangelo.

La presenza dei giovani ha segnato una novità: attraverso di loro è risuonata nel Sinodo la voce di tutta una generazione. Camminando con loro, pellegrini alla tomba di Pietro, abbiamo sperimentato che la vicinanza crea le condizioni perché la Chiesa sia spazio di dialogo e testimonianza di fraternità che affascina. La forza di questa esperienza supera ogni fatica e debolezza. Il Signore continua a ripeterci: Non temete, io sono con voi.

Il processo di preparazione

2. Abbiamo tratto grande beneficio dai contributi degli Episcopati, e dall'apporto di pastori, religiosi, laici, esperti, educatori e molti altri. Fin dall'inizio i giovani sono stati coinvolti nel processo sinodale: il Questionario *on line*, tanti contributi personali e soprattutto la *Riunione presinodale* ne sono il segno eloquente. Il loro apporto è stato essenziale, come nel racconto dei pani e dei pesci: Gesù ha potuto compiere il miracolo grazie alla disponibilità di un ragazzo che ha offerto con generosità quanto aveva (cfr. *Gv* 6,8-11).

Tutti i contributi sono stati sintetizzati nell'*Instrumentum laboris*, che ha costitutito la solida base del confronto durante le settimane dell'Assemblea. Ora il *Documento finale* raccoglie il risultato di questo processo e lo rilancia verso il futuro: esprime ciò che i Padri sinodali hanno riconosciuto, interpretato e scelto alla luce della Parola di Dio.

Il Documento finale dell'Assemblea sinodale

3. È importante chiarire la relazione tra l'*Instrumentum laboris* e il *Documento finale*. Il primo è il quadro di riferimento unitario e sintetico emerso dai due anni di ascolto; il secondo è il frutto del discernimento realizzato e raccoglie i nuclei tematici generativi su cui i Padri sinodali si sono concentrati con particolare intensità e passione. Riconosciamo quindi la diversità e la complementarità di questi due testi.

Il presente *Documento* è offerto al Santo Padre (cfr. FRANCESCO, *Episcopalis communio*, n. 18; *Istruzione*, art. 35 §5) e anche a tutta la Chiesa come frutto di questo Sinodo. Poiché il percorso sinodale non è ancora terminato e prevede una fase attuativa (cfr. *Episcopalis communio*, n. 19-21), il *Documento finale* sarà una mappa per orientare i prossimi passi che la Chiesa è chiamata a muovere.

* *Nel presente documento con il termine "Sinodo" si intende di volta in volta l'intero processo sinodale in atto oppure l'Assemblea generale svoltasi dal 3 al 28 ottobre 2018.*

Proemio

Gesù cammina con i discepoli di Emmaus

4. Abbiamo riconosciuto nell'episodio dei discepoli di Emmaus (cfr. *Lc* 24,13-35) un testo paradigmatico per comprendere la missione ecclesiale in relazione alle giovani generazioni. Questa pagina esprime bene ciò che abbiamo sperimentato al Sinodo e ciò che vorremmo che ogni nostra Chiesa particolare potesse vivere in rapporto ai giovani. Gesù cammina con i due discepoli che non hanno compreso il senso della sua vicenda e si stanno allontanando da Gerusalemme e dalla comunità. Per stare in loro compagnia, percorre la strada con loro. Li interroga e si mette in paziente ascolto della loro versione dei fatti per aiutarli a *riconoscere* quanto stanno vivendo. Poi, con affetto ed energia, annuncia loro la Parola, conducendoli a *interpretare* alla luce delle Scritture gli eventi che hanno vissuto. Accetta l'invito a fermarsi presso di loro al calar della sera: entra nella loro notte. Nell'ascolto il loro cuore si riscalda e la loro mente si illumina, nella frazione del pane i loro occhi si aprono. Sono loro stessi a *scegliere* di riprendere senza indugio il cammino in direzione opposta, per ritornare alla comunità, condividendo l'esperienza dell'incontro con il Risorto.

In continuità con l'*Instrumentum laboris*, il *Documento finale* è distinto in tre parti che vengono scandite da questo episodio. La prima parte è intitolata «Camminava con loro» (*Lc* 24,15) e cerca di illuminare ciò che i Padri sinodali hanno *riconosciuto* del contesto in cui i giovani sono inseriti, evidenziandone i punti di forza e le sfide. La seconda parte, «Si aprirono loro gli occhi» (*Lc* 24,31), è *interpretativa* e fornisce alcune chiavi di lettura fondamentali del tema sinodale. La terza parte, intitolata «Partirono senza indugio» (*Lc* 24,33), raccoglie le *scelte* per una conversione spirituale, pastorale e missionaria.

I parte
«Camminava con loro»

5. *«Ed ecco, in quello stesso giorno due di loro erano in cammino per un villaggio di nome Emmaus, distante circa undici chilometri da Gerusalemme, e conversavano tra loro di tutto quello che era accaduto. Mentre conversavano e discutevano insieme, Gesù in persona si avvicinò e camminava con loro»* (*Lc* 24,13-15).

In questo passo l'evangelista fotografa il bisogno dei due viandanti di cercare un senso agli eventi che hanno vissuto. Viene sottolineato l'atteggiamento di Gesù che si mette in cammino con loro. Il Risorto desidera fare strada insieme a ogni giovane, accogliendo le sue attese, anche se deluse, e le sue speranze, anche se inadeguate. Gesù cammina, ascolta, condivide.

Capitolo I
Una Chiesa in ascolto

Ascoltare e vedere con empatia

Il valore dell'ascolto

6. L'ascolto è un incontro di libertà, che richiede umiltà, pazienza, disponibilità a comprendere, impegno a elaborare in modo nuovo le risposte. L'ascolto trasforma il cuore di coloro che lo vivono, soprattutto quando ci si pone in un atteggiamento interiore di sintonia e docilità allo Spirito. Non è quindi solo una raccolta di informazioni, né una strategia per raggiungere un obiettivo, ma è la forma in cui Dio stesso si rapporta al suo popolo. Dio infatti vede la miseria del suo popolo e ne ascolta il lamento, si lascia toccare nell'intimo e scende per liberarlo (cfr. *Es* 3,7-8). La Chiesa quindi, attraverso l'ascolto, entra nel movimento di Dio che, nel Figlio, viene incontro a ogni essere umano.

I giovani desiderano essere ascoltati

7. I giovani sono chiamati a compiere continuamente scelte che orientano la loro esistenza; esprimono il desiderio di essere ascoltati, riconosciuti, accom-

pagnati. Molti sperimentano come la loro voce non sia ritenuta interessante e utile in ambito sociale ed ecclesiale. In vari contesti si registra una scarsa attenzione al loro grido, in particolare a quello dei più poveri e sfruttati, e anche la mancanza di adulti disponibili e capaci di ascoltare.

L'ascolto nella Chiesa

8. Non mancano nella Chiesa iniziative ed esperienze consolidate attraverso le quali i giovani possono sperimentare accoglienza, ascolto e far sentire la propria voce. Il Sinodo riconosce però che non sempre la comunità ecclesiale sa rendere evidente l'atteggiamento che il Risorto ha avuto verso i discepoli di Emmaus, quando, prima di illuminarli con la Parola, ha chiesto loro: «Che cosa sono questi discorsi che state facendo tra voi lungo il cammino?» (*Lc* 24,17). Prevale talora la tendenza a fornire risposte preconfezionate e ricette pronte, senza lasciar emergere le domande giovanili nella loro novità e coglierne la provocazione.

L'ascolto rende possibile uno scambio di doni, in un contesto di empatia. Esso consente ai giovani di donare alla comunità il proprio apporto, aiutandola a cogliere sensibilità nuove e a porsi domande inedite. Allo stesso tempo pone le condizioni per un annuncio del Vangelo che raggiunga veramente il cuore, in modo incisivo e fecondo.

L'ascolto dei pastori e di laici qualificati

9. L'ascolto costituisce un momento qualificante del ministero dei pastori, e in primo luogo dei vescovi, che però spesso si trovano oberati da molti impegni e faticano a trovare un tempo adeguato per questo indispensabile servizio. Molti hanno rilevato la carenza di persone esperte e dedicate all'accompagnamento. Credere al valore teologico e pastorale dell'ascolto implica un ripensamento per rinnovare le forme con cui ordinariamente il ministero presbiterale si esprime e una verifica delle sue priorità. Inoltre il Sinodo riconosce la necessità di preparare consacrati e laici, uomini e donne, che siano qualificati per l'accompagnamento dei giovani. Il carisma dell'ascolto che lo Spirito Santo fa sorgere nelle comunità potrebbe anche ricevere una forma di riconoscimento istituzionale per il servizio ecclesiale.

LE DIVERSITÀ DI CONTESTI E CULTURE

Un mondo al plurale

10. La composizione stessa del Sinodo ha reso visibile la presenza e l'apporto delle diverse regioni del mondo, evidenziando la bellezza di essere Chiesa universale. Pur in un contesto di globalizzazione crescente, i Padri sinodali hanno chiesto di mettere in evidenza le molte differenze tra contesti e culture, anche all'interno di uno stesso Paese. Esiste una pluralità di mondi giovanili tanto che in alcuni Paesi si tende a utilizzare il termine "gioventù" al plurale. Inoltre la fascia di età considerata dal presente Sinodo (16-29 anni) non rappresenta un insieme omogeneo, ma è composta di gruppi che vivono situazioni peculiari.

Tutte queste differenze impattano profondamente sull'esperienza concreta che i giovani vivono: riguardano infatti le diverse fasi dell'età evolutiva, le forme dell'esperienza religiosa, la struttura della famiglia e il suo rilievo nella trasmissione della fede, i rapporti intergenerazionali – come ad esempio il ruolo degli anziani e il rispetto loro dovuto –, le modalità di partecipazione alla vita sociale, l'atteggiamento verso il futuro, la questione ecumenica e interreligiosa. Il Sinodo riconosce e accoglie la ricchezza delle diversità delle culture e si pone al servizio della comunione dello Spirito.

Cambiamenti in atto

11. Di particolare rilevanza è la differenza relativa alle dinamiche demografiche tra i Paesi ad alta natalità, in cui i giovani rappresentano una quota significativa e crescente della popolazione, e quelli in cui il loro peso si va riducendo. Un'ulteriore differenza deriva dalla storia, che rende diversi i Paesi e i continenti di antica tradizione cristiana, la cui cultura è portatrice di una memoria da non disperdere, dai Paesi e continenti segnati invece da altre tradizioni religiose

e in cui il cristianesimo è una presenza minoritaria e talvolta recente. In altri territori poi le comunità cristiane e i giovani che ne fanno parte sono oggetto di persecuzione.

Esclusione ed emarginazione

12. Vi sono poi tra Paesi e all'interno di ciascuno di essi le differenze determinate dalla struttura sociale e dalla disponibilità economica che separano, talvolta in modo molto netto, coloro che hanno accesso a una quantità crescente di opportunità offerte dalla globalizzazione, da quanti invece vivono ai margini della società o nel mondo rurale e patiscono gli effetti di forme di esclusione e scarto. Vari interventi hanno segnalato la necessità che la Chiesa si schieri coraggiosamente dalla loro parte e partecipi alla costruzione di alternative che rimuovano esclusione ed emarginazione, rafforzando l'accoglienza, l'accompagnamento e l'integrazione. Per questo è necessario prendere coscienza dell'indifferenza che segna la vita anche di molti cristiani, per superarla con l'approfondimento della dimensione sociale della fede.

Uomini e donne

13. Non si può dimenticare la differenza tra uomini e donne con i loro doni peculiari, le specifiche sensibilità ed esperienze del mondo. Questa differen-

za può essere un ambito in cui nascono forme di dominio, esclusione e discriminazione da cui tutte le società e la Chiesa stessa hanno bisogno di liberarsi.

La Bibbia presenta l'uomo e la donna come partner uguali davanti a Dio (cfr. *Gn* 5,2): ogni dominazione e discriminazione basata sul sesso offende la dignità umana. Essa presenta anche la differenza tra i sessi come un mistero tanto costitutivo dell'essere umano quanto irriducibile a stereotipi. La relazione tra uomo e donna è poi compresa nei termini di una vocazione a vivere insieme nella reciprocità e nel dialogo, nella comunione e nella fecondità (cfr. *Gn* 1,27-29; 2,21-25) in tutti gli ambiti dell'esperienza umana: vita di coppia, lavoro, educazione e altri ancora. Alla loro alleanza Dio ha affidato la terra.

La colonizzazione culturale

14. Molti Padri sinodali provenienti da contesti non occidentali segnalano come nei loro Paesi la globalizzazione rechi con sé autentiche forme di colonizzazione culturale, che sradicano i giovani dalle appartenenze culturali e religiose da cui provengono. È necessario un impegno della Chiesa per accompagnarli in questo passaggio senza che smarriscano i tratti più preziosi della propria identità.

Diverse appaiono le interpretazioni del processo di secolarizzazione. Mentre da alcuni è vissuto come una preziosa opportunità per purificarsi da una religiosità di abitudine oppure fondata su identità etniche e nazionali, per altri rappresenta un ostacolo alla trasmissione della fede. Nelle società secolari assistiamo anche a una riscoperta di Dio e della spiritualità. Questo costituisce per la Chiesa uno stimolo a recuperare l'importanza dei dinamismi propri della fede, dell'annuncio e dell'accompagnamento pastorale.

Un primo sguardo alla Chiesa di oggi

L'impegno educativo della Chiesa

15. Non sono poche le regioni in cui i giovani percepiscono la Chiesa come una presenza viva e coinvolgente, che risulta significativa anche per i loro coetanei non credenti o di altre religioni. Le istituzioni educative della Chiesa cercano di accogliere tutti i giovani, indipendentemente dalle loro scelte religiose, provenienza culturale e situazione personale, familiare o sociale. In questo modo la Chiesa dà un apporto fondamentale all'educazione integrale dei giovani nelle più diverse parti del mondo. Ciò si realizza attraverso l'educazione nelle scuole di ogni ordine e grado e nei centri di formazione professionale, nei collegi e nelle università, ma anche nei centri giovanili e negli oratori; tale impegno si attua anche attraverso l'accoglienza di rifugiati e profughi e il variegato impegno nel campo sociale. In tutte queste presenze la Chiesa unisce all'opera educativa e alla promozione umana la testimonianza e l'annuncio del Vangelo. Quando è ispirata al dialogo interculturale e interreligioso, l'azione educativa della Chiesa è apprezzata anche dai non cristiani come forma di autentica promozione umana.

Le attività della pastorale giovanile

16. Nel cammino sinodale è emersa la necessità di qualificare vocazionalmente la pastorale giovanile, considerando tutti i giovani come destinatari della pastorale vocazionale. Insieme si anche è sottolineata la necessità di sviluppare processi pastorali completi, che dall'infanzia portino alla vita adulta e inseriscano nella comunità cristiana. Si è anche constatato che diversi gruppi parrocchiali, movimenti e associazioni giovanili realizzano un efficace processo di accompagnamento e di formazione dei giovani nella loro vita di fede.

La Giornata Mondiale della Gioventù – nata da una profetica intuizione di san Giovanni Paolo II, il quale rimane un punto di riferimento anche per i giovani del terzo millennio –, gli incontri nazionali e diocesani svolgono un ruolo importante nella vita di molti giovani perché offrono un'esperienza viva di fede e di comunione, che li aiuta ad affrontare le grandi sfide della vita e ad assumersi responsabilmente il loro posto nella società e nella comunità ecclesiale. Queste convocazioni possono rimandare così all'accompagnamento pastorale ordinario delle singole comunità, dove l'accoglienza del Vangelo deve essere approfondita e tradotta in scelte di vita.

Il peso della gestione amministrativa

17. Molti Padri hanno fatto notare che il peso dei compiti amministrativi assorbe in modo eccessivo e a volte soffocante le energie di tanti pastori; questo rappresenta uno dei motivi che rendono difficile l'incontro con i giovani e il loro accompagnamento. Per rendere più evidente la priorità degli impegni pastorali e spirituali, i Padri sinodali insistono sulla necessità di ripensare le modalità concrete dell'esercizio del ministero.

La situazione delle parrocchie

18. Pur rimanendo la prima e principale forma dell'essere Chiesa nel territorio, diverse voci hanno indicato come la parrocchia fatichi a essere un luogo rilevante per i giovani e come sia necessario ripensarne la vocazione missionaria. La sua bassa significatività negli spazi urbani, la poca dinamicità delle proposte, insieme ai cambiamenti spazio-temporali degli stili di vita sollecitano un rinnovamento. Anche se vari sono i tentativi di innovazione, spesso il fiume della vita giovanile scorre ai margini della comunità, senza incontrarla.

L'iniziazione alla vita cristiana

19. Molti notano come i percorsi dell'iniziazione cristiana non sempre riescono a introdurre ragazzi, adolescenti e giovani alla bellezza dell'esperienza di fede. Quando la comunità si costituisce come luogo di comunione e come vera famiglia dei figli di Dio, esprime una forza generativa che trasmette la fede; dove invece essa cede alla logica della delega e prevale l'organizzazione burocratica, l'iniziazione cristiana è fraintesa come un corso di istruzione religiosa che di solito termina con il sacramento della Confermazione. È quindi urgente ripensare a fondo l'impostazione della catechesi e il legame tra trasmissione familiare e comunitaria della fede, facendo leva sui processi di accompagnamento personali.

La formazione di seminaristi e consacrati

20. I seminari e le case di formazione sono luoghi di grande importanza in cui i giovani chiamati al sacerdozio e alla vita consacrata approfondiscono la propria scelta vocazionale e maturano nella sequela. Talora questi ambienti non tengono adeguatamente conto delle esperienze precedenti dei candidati, sottovalutandone l'importanza. Ciò blocca la crescita della persona e rischia di indurre l'assunzione di atteggiamenti formali, più che lo sviluppo dei doni di Dio e la conversione profonda del cuore.

Capitolo II
Tre snodi cruciali

Le novità dell'ambiente digitale

Una realtà pervasiva

21. L'ambiente digitale caratterizza il mondo contemporaneo. Larghe fasce dell'umanità vi sono immerse in maniera ordinaria e continua. Non si tratta più soltanto di "usare" strumenti di comunicazione, ma di vivere in una cultura ampiamente digitalizzata che ha impatti profondissimi sulla nozione di tempo e di spazio, sulla percezione di sé, degli altri e del mondo, sul modo di comunicare, di apprendere, di informarsi, di entrare in relazione con gli altri. Un approccio alla realtà che tende a privilegiare l'immagine rispetto all'ascolto e alla lettura influenza il modo di imparare e lo sviluppo del senso critico. È ormai chiaro che «l'ambiente digitale non è un mondo parallelo o puramente virtuale, ma è parte della realtà quotidiana di molte persone, specialmente dei più giovani» (Benedetto XVI, *Messaggio per la XLVII Giornata Mondiale delle Comunicazioni Sociali*).

La rete delle opportunità

22. *Web* e *social network* sono una piazza in cui i giovani trascorrono molto tempo e si incontrano facilmente, anche se non tutti vi hanno ugualmente accesso, in particolare in alcune regioni del mondo. Essi costituiscono comunque una straordinaria opportunità di dialogo, incontro e scambio tra le persone, oltre che di accesso all'informazione e alla conoscenza. Inoltre, quello digitale è un contesto di partecipazione sociopolitica e di cittadinanza attiva, e può facilitare la circolazione di informazione indipendente capace di tutelare efficacemente le persone più vulnerabili palesando le violazioni dei loro diritti. In molti Paesi *web* e *social network* rappresentano ormai un luogo irrinunciabile per raggiungere e coinvolgere i giovani, anche in iniziative e attività pastorali.

Il lato oscuro della rete

23. L'ambiente digitale è anche un territorio di solitudine, manipolazione, sfruttamento e violenza, fino al caso estremo del *dark web*. I media digitali possono esporre al rischio di dipendenza, di isolamento e di progressiva perdita di contatto con la realtà concreta, ostacolando lo sviluppo di relazioni interpersonali autentiche. Nuove forme di violenza si diffondono attraverso i *social media*, ad esempio il cyberbullismo; il *web* è anche un canale di diffusione della pornogra-

fia e di sfruttamento delle persone a scopo sessuale o tramite il gioco d'azzardo.

24. Infine, operano nel mondo digitale giganteschi interessi economici, capaci di realizzare forme di controllo tanto sottili quanto invasive, creando meccanismi di manipolazione delle coscienze e del processo democratico. Il funzionamento di molte piattaforme finisce spesso per favorire l'incontro tra persone che la pensano allo stesso modo, ostacolando il confronto tra le differenze. Questi circuiti chiusi facilitano la diffusione di informazioni e notizie false, fomentando pregiudizi e odio. La proliferazione delle *fake news* è espressione di una cultura che ha smarrito il senso della verità e piega i fatti a interessi particolari. La reputazione delle persone è messa a repentaglio tramite processi sommari *on line*. Il fenomeno riguarda anche la Chiesa e i suoi pastori.

I MIGRANTI COME PARADIGMA DEL NOSTRO TEMPO

Un fenomeno pluriforme

25. I fenomeni migratori rappresentano a livello mondiale un fenomeno strutturale e non un'emergenza transitoria. Le migrazioni possono avvenire all'interno dello stesso Paese oppure tra Paesi diversi. La preoccupazione della Chiesa riguarda in particolare coloro che fuggono dalla guerra, dalla violenza, dalla

persecuzione politica o religiosa, dai disastri naturali dovuti anche ai cambiamenti climatici e dalla povertà estrema: molti di loro sono giovani. In genere sono alla ricerca di opportunità per sé e per la propria famiglia. Sognano un futuro migliore e desiderano creare le condizioni perché si realizzi.

Molti Padri sinodali hanno sottolineato che i migranti sono un "paradigma" capace di illuminare il nostro tempo e in particolare la condizione giovanile, e ci ricordano la condizione originaria della fede, ovvero quella di essere «stranieri e pellegrini sulla terra» (*Eb* 11,13).

Violenza e vulnerabilità

26. Altri migranti partono attirati dalla cultura occidentale, nutrendo talvolta aspettative irrealistiche che li espongono a pesanti delusioni. Trafficanti senza scrupolo, spesso legati ai cartelli della droga e delle armi, sfruttano la debolezza dei migranti, che lungo il loro percorso troppo spesso incontrano la violenza, la tratta, l'abuso psicologico e anche fisico, e sofferenze indicibili. Va segnalata la particolare vulnerabilità dei migranti minori non accompagnati, e la situazione di coloro che sono costretti a passare molti anni nei campi profughi o che rimangono bloccati a lungo nei Paesi di transito, senza poter proseguire il corso di studi né esprimere i propri talenti. In alcuni Paesi di arrivo, i fenomeni migratori suscitano allarme e paure, spesso fomentate e sfruttate a fini politici. Si diffonde così una mentalità xenofoba, di chiusura e di ripiegamento su se stessi, a cui occorre reagire con decisione.

Storie di separazione e di incontro

27. I giovani che migrano sperimentano la separazione dal proprio contesto di origine e spesso anche uno sradicamento culturale e religioso. La frattura riguarda anche le comunità di origine, che perdono gli elementi più vigorosi e intraprendenti, e le famiglie, in particolare quando migra uno o entrambi i genitori, lasciando i figli nel Paese di origine. La Chiesa ha un ruolo importante come riferimento per i giovani di queste famiglie spezzate. Ma quelle dei migranti sono anche storie di incontro tra persone e tra culture: per le comunità e le società in cui arrivano sono una opportunità di arricchimento e di sviluppo umano integrale di tutti. Le iniziative di accoglienza che fanno riferimento alla Chiesa hanno un ruolo importante da questo punto di vista, e possono rivitalizzare le comunità capaci di realizzarle.

Il ruolo profetico della Chiesa

28. Grazie alla diversa provenienza dei Padri, rispetto al tema dei migranti il Sinodo ha visto l'incontro di molte prospettive, in particolare tra Paesi di partenza e Paesi di arrivo. Inoltre è risuonato il grido

di allarme di quelle Chiese i cui membri sono costretti a scappare dalla guerra e dalla persecuzione e che vedono in queste migrazioni forzate una minaccia per la loro stessa esistenza. Proprio il fatto di includere al suo interno tutte queste diverse prospettive mette la Chiesa in condizione di esercitare un ruolo profetico nei confronti della società sul tema delle migrazioni.

Riconoscere e reagire a tutti i tipi di abuso

Fare verità e chiedere perdono

29. I diversi tipi di abuso compiuti da alcuni vescovi, sacerdoti, religiosi e laici provocano in coloro che ne sono vittime, tra cui molti giovani, sofferenze che possono durare tutta la vita e a cui nessun pentimento può porre rimedio. Tale fenomeno è diffuso nella società, tocca anche la Chiesa e rappresenta un serio ostacolo alla sua missione. Il Sinodo ribadisce il fermo impegno per l'adozione di rigorose misure di prevenzione che ne impediscano il ripetersi, a partire dalla selezione e dalla formazione di coloro a cui saranno affidati compiti di responsabilità ed educativi.

Andare alla radice

30. Esistono diversi tipi di abuso: di potere, economici, di coscienza, sessuali. Si rende evidente il

compito di sradicare le forme di esercizio dell'autorità su cui essi si innestano e di contrastare la mancanza di responsabilità e trasparenza con cui molti casi sono stati gestiti. Il desiderio di dominio, la mancanza di dialogo e di trasparenza, le forme di doppia vita, il vuoto spirituale, nonché le fragilità psicologiche sono il terreno su cui prospera la corruzione. Il clericalismo, in particolare, «nasce da una visione elitaria ed escludente della vocazione, che interpreta il ministero ricevuto come un potere da esercitare piuttosto che come un servizio gratuito e generoso da offrire; e ciò conduce a ritenere di appartenere a un gruppo che possiede tutte le risposte e non ha più bisogno di ascoltare e di imparare nulla, o fa finta di ascoltare» (FRANCESCO, *Discorso alla I Congregazione Generale della XV Assemblea Generale del Sinodo dei Vescovi*, 3 ottobre 2018).

Gratitudine e incoraggiamento

31. Il Sinodo esprime gratitudine verso coloro che hanno il coraggio di denunciare il male subìto: aiutano la Chiesa a prendere coscienza di quanto avvenuto e della necessità di reagire con decisione. Apprezza e incoraggia anche l'impegno sincero di innumerevoli laiche e laici, sacerdoti, consacrati, consacrate e vescovi che ogni giorno si spendono con onestà e dedizione al servizio dei giovani. La loro opera è una foresta che cresce senza fare rumore. Anche molti tra i giovani presenti al Sinodo hanno manifestato gratitudine per coloro da cui sono stati accompagnati e ribadito il grande bisogno di figure di riferimento.

Il Signore Gesù, che mai abbandona la sua Chiesa, le offre la forza e gli strumenti per un nuovo cammino. Confermando la linea delle tempestive «azioni e sanzioni necessarie» (FRANCESCO, *Lettera al popolo di Dio*, 20 agosto 2018, n. 2) e consapevole che la misericordia esige la giustizia, il Sinodo riconosce che affrontare la questione degli abusi in tutti i suoi aspetti, anche con il prezioso aiuto dei giovani, può essere davvero un'opportunità per una riforma di portata epocale.

Capitolo III
Identità e relazioni

Famiglia e rapporti intergenerazionali

La famiglia punto di riferimento privilegiato

32. La famiglia continua a rappresentare il principale punto di riferimento per i giovani. I figli apprezzano l'amore e la cura da parte dei genitori, hanno a cuore i legami familiari e sperano di riuscire a formare a loro volta una famiglia. Indubbiamente l'aumento di separazioni, divorzi, seconde unioni e famiglie monoparentali può causare nei giovani grandi sofferenze e crisi d'identità. Talora devono farsi carico di responsabilità che non sono proporzionate alla loro età e li costringono a divenire adulti prima del tempo. I nonni offrono spesso un contributo decisivo nell'affetto e nell'educazione religiosa: con la loro saggezza sono un anello decisivo nel rapporto tra le generazioni.

L'importanza della maternità e della paternità

33. Madri e padri hanno ruoli distinti ma ugualmente importanti come punti di riferimento nel formare i figli e trasmettere loro la fede. La figura mater-

na continua ad avere un ruolo che i giovani ritengono essenziale per la loro crescita, anche se esso non è sufficientemente riconosciuto sotto il profilo culturale, politico e lavorativo. Molti padri svolgono con dedizione il proprio ruolo, ma non possiamo nasconderci che, in alcuni contesti, la figura paterna risulta assente o evanescente, e in altri oppressiva o autoritaria. Queste ambiguità si riflettono anche sull'esercizio della paternità spirituale.

I rapporti tra le generazioni

34. Il Sinodo riconosce la dedizione di molti genitori ed educatori che si impegnano a fondo nella trasmissione dei valori, nonostante le difficoltà del contesto culturale. In diverse regioni, il ruolo degli anziani e la riverenza verso gli antenati sono un cardine dell'educazione e contribuiscono fortemente alla formazione dell'identità personale. Anche la famiglia estesa – che in alcune culture è la famiglia in senso proprio – gioca un ruolo importante. Alcuni giovani però sentono le tradizioni familiari come opprimenti e ne fuggono sotto la spinta di una cultura globalizzata che a volte li lascia senza punti di riferimento. In altre parti del mondo invece tra giovani e adulti non vi è un vero e proprio conflitto generazionale, ma una reciproca estraneità. Talora gli adulti non cercano o non riescono a trasmettere i valori fondanti dell'esistenza oppure assumono stili giovanilistici, rove-

sciando il rapporto tra le generazioni. In questo modo la relazione tra giovani e adulti rischia di rimanere sul piano affettivo, senza toccare la dimensione educativa e culturale.

Giovani e radici culturali

35. I giovani sono proiettati verso il futuro e affrontano la vita con energia e dinamismo. Sono però anche tentati di concentrarsi sulla fruizione del presente e talora tendono a dare poca attenzione alla memoria del passato da cui provengono, in particolare dei tanti doni loro trasmessi dai genitori, dai nonni, dal bagaglio culturale della società in cui vivono. Aiutare i giovani a scoprire la ricchezza viva del passato, facendone memoria e servendosene per le proprie scelte e possibilità, è un vero atto di amore nei loro confronti in vista della loro crescita e delle scelte che sono chiamati a compiere.

Amicizia e rapporti tra pari

36. A fianco dei rapporti intergenerazionali non vanno dimenticati quelli tra coetanei, che rappresentano un'esperienza fondamentale di interazione e di progressiva emancipazione dal contesto familiare di origine. L'amicizia e il confronto, spesso anche in gruppi più o meno strutturati, offre l'opportunità di rafforzare competenze sociali e relazionali in un con-

testo in cui non si è valutati e giudicati. L'esperienza di gruppo costituisce anche una grande risorsa per la condivisione della fede e per l'aiuto reciproco nella testimonianza. I giovani sono capaci di guidare altri giovani e di vivere un vero apostolato in mezzo ai propri amici.

Corpo e affettività

Cambiamenti in atto

37. I giovani riconoscono al corpo e alla sessualità un'importanza essenziale per la loro vita e nel percorso di crescita della loro identità, poiché imprescindibili per vivere l'amicizia e l'affettività. Nel mondo contemporaneo tuttavia riscontriamo fenomeni in veloce evoluzione a loro riguardo. Anzitutto, gli sviluppi della scienza e delle tecnologie biomediche incidono fortemente sulla percezione del corpo, inducendo l'idea che sia modificabile senza limite. La capacità di intervenire sul DNA, la possibilità di inserire elementi artificiali nell'organismo (*cyborg*) e lo sviluppo delle neuroscienze costituiscono una grande risorsa, ma sollevano allo stesso tempo interrogativi antropologici ed etici. Un'accoglienza acritica dell'approccio tecnocratico al corpo indebolisce la coscienza della vita come dono e il senso del limite della creatura, che può sviarsi o essere strumentalizzata dai dinamismi economici e politici (cfr. Francesco, *Laudato si'*, n. 106).

Inoltre in alcuni contesti giovanili si diffonde il fascino per comportamenti a rischio come strumento per esplorare se stessi, ricercare emozioni forti e ottenere riconoscimento. Insieme al permanere di fenomeni antichi, come la sessualità precoce, la promiscuità, il turismo sessuale, il culto esagerato dell'aspetto fisico, si constata oggi la diffusione pervasiva della pornografia digitale e l'esibizione del proprio corpo *on line*. Tali fenomeni, a cui le nuove generazioni sono esposte, costituiscono un ostacolo per una serena maturazione. Essi indicano dinamiche sociali inedite, che influenzano le esperienze e le scelte personali, rendendole territorio di una sorta di colonizzazione ideologica.

La recezione degli insegnamenti morali della Chiesa

38. È questo il contesto in cui le famiglie cristiane e le comunità ecclesiali cercano di far scoprire ai giovani la sessualità come un grande dono abitato dal Mistero, per vivere le relazioni secondo la logica del Vangelo. Non sempre però riescono a tradurre questo desiderio in una adeguata educazione affettiva e sessuale, che non si limiti a interventi sporadici e occasionali. Dove questa educazione è stata realmente assunta come una scelta propositiva, si notano risultati positivi che aiutano i giovani a cogliere il rapporto tra la loro adesione di fede in Gesù

Cristo e il modo di vivere l'affettività e le relazioni interpersonali. Tali risultati sollecitano e incoraggiano a un maggiore investimento di energie ecclesiali in questo campo.

Le domande dei giovani

39. La Chiesa ha una ricca tradizione su cui costruire e da cui proporre il proprio insegnamento su tale materia: per esempio il Catechismo della Chiesa Cattolica, la teologia del corpo sviluppata da san Giovanni Paolo II, l'Enciclica *Deus caritas est* di Benedetto XVI, l'Esortazione Apostolica *Amoris laetitia* di Francesco. Ma i giovani, anche quelli che conoscono e vivono tale insegnamento, esprimono il desiderio di ricevere dalla Chiesa una parola chiara, umana ed empatica. Frequentemente infatti la morale sessuale è causa di incomprensione e di allontanamento dalla Chiesa, in quanto è percepita come uno spazio di giudizio e di condanna. Di fronte ai cambiamenti sociali e dei modi di vivere l'affettività e la molteplicità delle prospettive etiche, i giovani si mostrano sensibili al valore dell'autenticità e della dedizione, ma sono spesso disorientati. Essi esprimono più particolarmente un esplicito desiderio di confronto sulle questioni relative alla differenza tra identità maschile e femminile, alla reciprocità tra uomini e donne, all'omosessualità.

Il mondo del lavoro

40. Il mondo del lavoro resta un ambito in cui i giovani esprimono la loro creatività e la capacità di innovare. Al tempo stesso sperimentano forme di esclusione ed emarginazione. La prima e più grave è la disoccupazione giovanile, che in alcuni Paesi raggiunge livelli esorbitanti. Oltre a renderli poveri, la mancanza di lavoro recide nei giovani la capacità di sognare e di sperare e li priva della possibilità di dare un contributo allo sviluppo della società. In molti Paesi questa situazione dipende dal fatto che alcune fasce di popolazione giovanile sono sprovviste di adeguate capacità professionali, anche a causa dei deficit del sistema educativo e formativo. Spesso la precarietà occupazionale che affligge i giovani risponde agli interessi economici che sfruttano il lavoro.

Violenza e persecuzioni

41. Molti giovani vivono in contesti di guerra e subiscono la violenza in una innumerevole varietà di forme: rapimenti, estorsioni, criminalità organizzata, tratta di esseri umani, schiavitù e sfruttamento sessuale, stupri di guerra, ecc. Altri giovani, a causa della loro fede, faticano a trovare un posto nelle loro società e subiscono vari tipi di persecuzioni, fino alla morte. Numerosi sono i giovani che, per costrizione

o mancanza di alternative, vivono perpetrando crimini e violenze: bambini soldato, bande armate e criminali, traffico di droga, terrorismo, ecc. Questa violenza spezza molte giovani vite. Abusi e dipendenze, così come violenza e devianza sono tra le ragioni che portano i giovani in carcere, con una particolare incidenza in alcuni gruppi etnici e sociali. Tutte queste situazioni interrogano e interpellano la Chiesa.

Emarginazione e disagio sociale

42. Ancor più numerosi nel mondo sono i giovani che patiscono forme di emarginazione ed esclusione sociale, per ragioni religiose, etniche o economiche. Ricordiamo la difficile situazione di adolescenti e giovani che restano incinte e la piaga dell'aborto, così come la diffusione dell'HIV, le diverse forme di dipendenza (droghe, azzardo, pornografia, ecc.) e la situazione dei bambini e ragazzi di strada, che mancano di casa, famiglia e risorse economiche; una particolare attenzione meritano i giovani carcerati. Vari interventi hanno sottolineato la necessità che la Chiesa valorizzi le capacità dei giovani esclusi e i contributi che essi possono offrire alle comunità. Essa vuole schierarsi coraggiosamente dalla loro parte, accompagnandoli lungo percorsi di riappropriazione della propria dignità e di un ruolo nella costruzione del bene comune.

L'esperienza della sofferenza

43. Contrariamente a un diffuso stereotipo, anche il mondo giovanile è profondamente segnato dall'esperienza della vulnerabilità, della disabilità, della malattia e del dolore. In non pochi Paesi cresce, soprattutto tra i giovani, la diffusione di forme di malessere psicologico, depressione, malattia mentale e disordini alimentari, legati a vissuti di infelicità profonda o all'incapacità di trovare una collocazione all'interno della società; non va infine dimenticato il tragico fenomeno dei suicidi. I giovani che vivono queste diverse condizioni di disagio e le loro famiglie contano sul sostegno delle comunità cristiane, che però non sempre sono adeguatamente attrezzate per accoglierli.

La risorsa della vulnerabilità

44. Molte di queste situazioni sono il prodotto della "cultura dello scarto": i giovani ne sono tra le prime vittime. Tuttavia questa cultura può impregnare anche i giovani, le comunità cristiane e i loro responsabili, contribuendo così al degrado umano, sociale e ambientale che affligge il nostro mondo. Per la Chiesa si tratta di un appello alla conversione, alla solidarietà e a una rinnovata azione educativa rendendosi presente in modo particolare in questi contesti di difficoltà. Anche i giovani che vivono in queste si-

tuazioni hanno risorse preziose da condividere con la comunità e ci insegnano a misurarci con il limite, aiutandoci a crescere in umanità. È inesauribile la creatività con cui la comunità animata dalla gioia del Vangelo può diventare un'alternativa al disagio e alle situazioni di difficoltà. In questo modo la società può sperimentare che le pietre scartate dai costruttori possono diventare testate d'angolo (cfr. *Sal* 118,22; *Lc* 20,17; *At* 4,11; 1*Pt* 2,4).

Capitolo IV
Essere giovani oggi

Aspetti della cultura giovanile odierna

Originalità e specificità

45. Le giovani generazioni sono portatrici di un approccio alla realtà con tratti specifici. I giovani chiedono di essere accolti e rispettati nella loro originalità. Tra i tratti specifici più evidenti della cultura dei giovani sono state segnalate la preferenza accordata all'immagine rispetto ad altri linguaggi comunicativi, l'importanza di sensazioni ed emozioni come via di approccio alla realtà e la priorità della concretezza e dell'operatività rispetto all'analisi teorica. Grande importanza rivestono i rapporti di amicizia e l'appartenenza a gruppi di coetanei, coltivati anche grazie ai *social media*. I giovani sono generalmente portatori di una spontanea apertura nei confronti della diversità, che li rende attenti alle tematiche della pace, dell'inclusione e del dialogo tra culture e religioni. Numerose esperienze di molte parti del mondo testimoniano che i giovani sanno essere pionieri di incontro e dialogo interculturale e interreligioso, nella prospettiva della convivenza pacifica.

Impegno e partecipazione sociale

46. Anche se in forma differente rispetto alle generazioni passate, l'impegno sociale è un tratto specifico dei giovani d'oggi. A fianco di alcuni indifferenti, ve ne sono molti altri disponibili a impegnarsi in iniziative di volontariato, cittadinanza attiva e solidarietà sociale, da accompagnare e incoraggiare per far emergere i talenti, le competenze e la creatività dei giovani e incentivare l'assunzione di responsabilità da parte loro. L'impegno sociale e il contatto diretto con i poveri restano una occasione fondamentale di scoperta o approfondimento della fede e di discernimento della propria vocazione. Forte e diffusa risulta la sensibilità per i temi ecologici e della sostenibilità, che l'enciclica *Laudato si'* ha saputo catalizzare. È stata segnalata anche la disponibilità all'impegno in campo politico per la costruzione del bene comune, che non sempre la Chiesa ha saputo accompagnare offrendo opportunità di formazione e spazi di discernimento. Rispetto alla promozione della giustizia i giovani chiedono alla Chiesa un impegno deciso e coerente, che sradichi ogni connivenza con una mentalità mondana.

Arte, musica e sport

47. Il Sinodo riconosce e apprezza l'importanza che i giovani danno all'espressione artistica in tutte

le sue forme: sono molti i giovani che usano in questo campo i talenti ricevuti, promovendo la bellezza, la verità e la bontà, crescendo in umanità e nel rapporto con Dio. Per molti l'espressione artistica è anche un'autentica vocazione professionale. Non possiamo dimenticare che per secoli la "via della bellezza" è stata una delle modalità privilegiate di espressione della fede e di evangelizzazione.

Del tutto peculiare è l'importanza della musica, che rappresenta un vero e proprio ambiente in cui i giovani sono costantemente immersi, come pure una cultura e un linguaggio capaci di suscitare emozioni e di plasmare l'identità. Il linguaggio musicale rappresenta anche una risorsa pastorale, che interpella in particolare la liturgia e il suo rinnovamento. L'omologazione dei gusti in chiave commerciale rischia talvolta di compromettere il legame con le forme tradizionali di espressione musicale e anche liturgica.

Altrettanto significativo è il rilievo che tra i giovani assume la pratica sportiva, di cui la Chiesa non deve sottovalutare le potenzialità in chiave educativa e formativa, mantenendo una solida presenza al suo interno. Il mondo dello sport ha bisogno di essere aiutato a superare le ambiguità da cui è percorso, quali la mitizzazione dei campioni, l'asservimento a logiche commerciali e l'ideologia del successo a ogni costo. In questo senso si ridadisce il valore dell'accompagnamento e del sostegno delle persone nella pratica sportiva.

Spiritualità e religiosità

I contesti religiosi diversi

48. L'esperienza religiosa dei giovani è fortemente influenzata dal contesto sociale e culturale in cui vivono. In alcuni Paesi la fede cristiana è un'esperienza comunitaria forte e viva, che i giovani condividono con gioia. In altre regioni di antica tradizione cristiana la maggioranza della popolazione cattolica non vive una reale appartenenza alla Chiesa; non mancano però minoranze creative ed esperienze che rivelano una rinascita dell'interesse religioso, come reazione a una visione riduzionista e soffocante. In altri luoghi ancora i cattolici, insieme con altre denominazioni cristiane, sono una minoranza, che conosce talora discriminazione e anche persecuzione. Vi sono infine contesti in cui vi è una crescita delle sette o di forme di religiosità alternativa; coloro che le seguono non di rado restano delusi e diventano avversi a tutto quanto è religioso. Se in alcune regioni i giovani non hanno la possibilità di esprimere pubblicamente la propria fede o non vedono riconosciuta la propria libertà religiosa, altrove si sente il peso di scelte del passato – anche politiche –, che hanno minato la credibilità ecclesiale. Non è possibile parlare della religiosità dei giovani senza tenere presenti tutte queste differenze.

La ricerca religiosa

49. In generale i giovani dichiarano di essere alla ricerca del senso della vita e dimostrano interesse per la spiritualità. Tale attenzione però si configura talora come una ricerca di benessere piscologico più che un'apertura all'incontro con il Mistero del Dio vivente. In particolare in alcune culture, molti ritengono la religione una questione privata e selezionano da diverse tradizioni spirituali gli elementi nei quali ritrovano le proprie convinzioni. Si diffonde così un certo sincretismo, che si sviluppa sul presupposto relativistico che tutte le religioni siano uguali. L'adesione a una comunità di fede non è vista da tutti come la via di accesso privilegiata al senso della vita, ed è affiancata e talvolta rimpiazzata da ideologie o dalla ricerca di successo sul piano professionale ed economico, nella logica di un'autorealizzazione materiale. Rimangono vive però alcune pratiche consegnate dalla tradizione, come i pellegrinaggi ai santuari, che a volte coinvolgono masse di giovani molto numerose, ed espressioni della pietà popolare, spesso legate alla devozione a Maria e ai Santi, che custodiscono l'esperienza di fede di un popolo.

L'incontro con Gesù

50. La stessa varietà si riscontra nel rapporto dei giovani con la figura di Gesù. Molti lo riconoscono

come Salvatore e Figlio di Dio e spesso gli si sentono vicini attraverso Maria, sua madre e si impegnano in un cammino di fede. Altri non hanno con Lui una relazione personale, ma lo considerano come un uomo buono e un riferimento etico. Altri ancora lo incontrano attraverso una forte esperienza dello Spirito. Per altri invece è una figura del passato priva di rilevanza esistenziale o molto distante dall'esperienza umana.

Se per molti giovani Dio, la religione e la Chiesa appaiono parole vuote, essi sono sensibili alla figura di Gesù, quando viene presentata in modo attraente ed efficace. In tanti modi anche i giovani di oggi ci dicono: «Vogliamo vedere Gesù» (*Gv* 12,21), manifestando così quella sana inquietudine che caratterizza il cuore di ogni essere umano: «L'inquietudine della ricerca spirituale, l'inquietudine dell'incontro con Dio, l'inquietudine dell'amore» (FRANCESCO, *Santa Messa per l'inizio del Capitolo Generale dell'ordine di sant'Agostino*, 28 agosto 2013).

Il desiderio di una liturgia viva

51. In diversi contesti i giovani cattolici chiedono proposte di preghiera e momenti sacramentali capaci di intercettare la loro vita quotidiana, in una liturgia fresca, autentica e gioiosa. In tante parti del mondo l'esperienza liturgica è la risorsa principale per l'identità cristiana e conosce una partecipazione ampia e convinta. I giovani vi riconoscono un momento privilegiato di esperienza di Dio e della comunità ecclesiale, e un punto di partenza per la missione. Altrove invece si assiste a un certo allontanamento dai sacramenti e dall'Eucaristia domenicale, percepita più come precetto morale che come felice incontro con il Signore Risorto e con la comunità. In generale si constata che anche dove si offre la catechesi sui sacramenti, è debole l'accompagnamento educativo a vivere la celebrazione in profondità, a entrare nella ricchezza misterica dei suoi simboli e dei suoi riti.

Partecipazione e protagonismo

I giovani desiderano protagonismo

52. Di fronte alle contraddizioni della società, molti giovani desiderano mettere a frutto i propri talenti, competenze e creatività e sono disponibili ad assumersi responsabilità. Tra i temi che stanno loro maggiormente a cuore emergono la sostenibilità sociale e ambientale, le discriminazioni e il razzismo. Il coinvolgimento dei giovani segue spesso approcci inediti, sfruttando anche le potenzialità della comunicazione digitale in termini di mobilitazione e pressione politica; diffusione di stili di vita e modelli di consumo e investimento critici, solidali e attenti all'ambiente; nuove forme di impegno e di partecipazione nella società e nella politica; nuove modalità di welfare a garanzia dei soggetti più deboli.

Le ragioni di una distanza

53. Il Sinodo è consapevole che un numero consistente di giovani, per le ragioni più diverse, non chiedono nulla alla Chiesa perché non la ritengono significativa per la loro esistenza. Alcuni, anzi, chiedono espressamente di essere lasciati in pace, poiché sentono la sua presenza come fastidiosa e perfino irritante. Tale richiesta spesso non nasce da un disprezzo acritico e impulsivo, ma affonda le radici anche in ragioni serie e rispettabili: gli scandali sessuali ed economici; l'impreparazione dei ministri ordinati che non sanno intercettare adeguatamente la sensibilità dei giovani; la scarsa cura nella preparazione dell'omelia e nella presentazione della Parola di Dio; il ruolo passivo assegnato ai giovani all'interno della comunità cristiana; la fatica della Chiesa di rendere ragione delle proprie posizioni dottrinali ed etiche di fronte alla società contemporanea.

I giovani nella Chiesa

54. I giovani cattolici non sono meramente destinatari dell'azione pastorale, ma membra vive dell'unico corpo ecclesiale, battezzati in cui vive e agisce lo Spirito del Signore. Essi contribuiscono ad arricchire ciò che la Chiesa è, e non solo ciò che fa. Sono il suo presente e non solo il suo futuro. I giovani sono protagonisti in molte attività ecclesiali, in

cui offrono generosamente il proprio servizio, in particolare con l'animazione della catechesi e della liturgia, la cura dei più piccoli, il volontariato verso i poveri. Anche movimenti, associazioni e congregazioni religiose offrono ai giovani opportunità di impegno e corresponsabilità. Talvolta la disponibilità dei giovani incontra un certo autoritarismo e sfiducia di adulti e pastori, che non riconoscono a sufficienza la loro creatività e faticano a condividere le responsabilità.

Le donne nella Chiesa

55. Emerge anche tra i giovani la richiesta che vi sia un maggiore riconoscimento e valorizzazione delle donne nella società e nella Chiesa. Molte donne svolgono un ruolo insostituibile nelle comunità cristiane, ma in molti luoghi si fatica a dare loro spazio nei processi decisionali, anche quando essi non richiedono specifiche responsabilità ministeriali. L'assenza della voce e dello sguardo femminile impoverisce il dibattito e il cammino della Chiesa, sottraendo al discernimento un contributo prezioso. Il Sinodo raccomanda di rendere tutti più consapevoli dell'urgenza di un ineludibile cambiamento, anche a partire da una riflessione antropologica e teologica sulla reciprocità tra uomini e donne.

La missione dei giovani verso i loro coetanei

56. In vari contesti vi sono gruppi di giovani, spesso espressione di associazioni e movimenti ecclesiali, che sono molto attivi nell'evangelizzazione dei loro coetanei grazie a una limpida testimonianza di vita, a un linguaggio accessibile e alla capacità di instaurare legami autentici di amicizia. Tale apostolato consente di portare il Vangelo a persone che difficilmente sarebbero raggiunte dalla pastorale giovanile ordinaria, e contribuisce a far maturare la stessa fede di coloro che vi si impegnano. Esso va dunque apprezzato, sostenuto, accompagnato con saggezza e integrato nella vita delle comunità.

Desiderio di una comunità ecclesiale più autentica e fraterna

57. I giovani chiedono che la Chiesa brilli per autenticità, esemplarità, competenza, corresponsabilità e solidità culturale. A volte questa richiesta suona come una critica, ma spesso assume la forma positiva di un impegno personale per una comunità fraterna, accogliente, gioiosa e impegnata profeticamente a lottare contro l'ingiustizia sociale. Tra le attese dei giovani spicca in particolare il desiderio che nella Chiesa si adotti uno stile di dialogo meno paternalistico e più schietto.

II parte

«Si aprirono loro gli occhi»

58. *«E, cominciando da Mosè e da tutti i profeti, spiegò loro in tutte le Scritture ciò che si riferiva a lui. Quando furono vicini al villaggio dove erano diretti, egli fece come se dovesse andare più lontano. Ma essi insistettero: "Resta con noi, perché si fa sera e il giorno è ormai al tramonto". Egli entrò per rimanere con loro. Quando fu a tavola con loro, prese il pane, recitò la benedizione, lo spezzò e lo diede loro. Allora si aprirono loro gli occhi e lo riconobbero. Ma egli sparì dalla loro vista»* (Lc 24,27-31).

Dopo averli ascoltati, il Signore rivolge ai due viandanti una "parola" incisiva e decisiva, autorevole e trasformante. Così, con dolcezza e fortezza, il Signore entra nella loro dimora, rimane con loro e condivide il pane della vita: è il segno eucaristico che permette ai due discepoli di aprire finalmente gli occhi.

L'azione dello Spirito Santo

59. Lo Spirito Santo accende il cuore, apre gli occhi e suscita la fede dei due viandanti. Egli opera fin dall'inizio della creazione del mondo perché il progetto del Padre di ricapitolare ogni cosa in Cristo giunga alla sua pienezza. Agisce in ogni tempo e in ogni luogo, nella varietà dei contesti e delle culture, suscitando anche in mezzo alle difficoltà e alle sofferenze l'impegno per la giustizia, la ricerca della verità, il coraggio della speranza. Per questo san Paolo afferma che «tutta insieme la creazione geme e soffre le doglie del parto fino ad oggi» (*Rm* 8,22). Il desiderio di vita nell'amore e quella sana inquietudine che abita il cuore dei giovani sono parte del grande anelito di tutto il creato verso la pienezza della gioia. In ognuno di loro, anche in quelli che non conoscono Cristo, lo Spirito Creatore agisce per condurli alla bellezza, alla bontà e alla verità.

Lo Spirito ringiovanisce la Chiesa

60. La giovinezza è un periodo originale e stimolante della vita, che Gesù stesso ha vissuto, santificandola. Il *Messaggio ai giovani* del Concilio Vaticano II (7 dicembre 1965) ha presentato la Chiesa come la «vera giovinezza del mondo», che possiede «la capacità di rallegrarsi per ciò che comincia, di darsi senza

ritorno, di rinnovarsi e di ripartire per nuove conquiste». Con la loro freschezza e la loro fede i giovani contribuiscono a mostrare questo volto della Chiesa, in cui si rispecchia «il grande Vivente, il Cristo eternamente giovane». Non si tratta quindi di creare una nuova Chiesa per i giovani, ma piuttosto di riscoprire con loro la giovinezza della Chiesa, aprendoci alla grazia di una nuova Pentecoste.

Lo Spirito nella vita del credente

61. La vocazione del cristiano è seguire Cristo passando attraverso le acque del Battesimo, ricevendo il sigillo della Confermazione e diventando nell'Eucaristia parte del suo Corpo: «Viene lo Spirito Santo, il fuoco dopo l'acqua e voi diventate pane, cioè corpo di Cristo» (Agostino, *Discorso* 227). Nel percorso dell'iniziazione cristiana è soprattutto la Confermazione che consente ai credenti di rivivere l'esperienza pentecostale di una nuova effusione dello Spirito per la crescita e la missione. È importante riscoprire la ricchezza di questo sacramento, coglierne il legame con la vocazione personale di ogni battezzato e con la teologia dei carismi, curarne meglio la pastorale, in modo che non diventi un momento formale e poco significativo. Ogni cammino vocazionale ha lo Spirito Santo come protagonista: Egli è il "maestro interiore" da cui lasciarsi condurre.

Un'autentica esperienza di Dio

62. La prima condizione per il discernimento vocazionale nello Spirito è un'autentica esperienza di fede nel Cristo morto e risorto, ricordando che essa «non è luce che dissipa tutte le nostre tenebre, ma lampada che guida nella notte i nostri passi, e questo basta per il cammino» (FRANCESCO, *Lumen fidei*, n. 57). Nelle comunità cristiane talora rischiamo di proporre, al di là delle intenzioni, un teismo etico e terapeutico, che risponde al bisogno di sicurezza e di conforto dell'essere umano, anziché un incontro vivo con Dio nella luce del Vangelo e nella forza dello Spirito. Se è vero che la vita è risvegliata solamente attraverso la vita, diviene chiaro che i giovani hanno bisogno di incontrare comunità cristiane radicate realmente nell'amicizia con Cristo, che ci guida al Padre nella comunione dello Spirito Santo.

Capitolo I
Il dono della giovinezza

Gesù giovane tra i giovani

La giovinezza di Gesù

63. «Giovane tra i giovani per divenire esempio per i giovani e consacrarli al Signore» (Ireneo, *Contro le eresie*, II,22,4), Cristo ha santificato la giovinezza per il fatto stesso di averla vissuta. La narrazione biblica presenta un solo episodio della giovinezza di Gesù (cfr. *Lc* 2,41-52), che è stata vissuta senza clamore, nella semplicità e nella laboriosità di Nazareth, tanto da essere riconosciuto come «il carpentiere» (*Mc* 6,3) e «il figlio del carpentiere» (*Mt* 13,55).

Contemplando la sua vita possiamo cogliere al meglio la benedizione della giovinezza: Gesù ha avuto una incondizionata fiducia nel Padre, ha curato l'amicizia con i suoi discepoli, e persino nei momenti di crisi vi è rimasto fedele. Ha manifestato una profonda compassione nei confronti dei più deboli, specialmente i poveri, gli ammalati, i peccatori e gli esclusi. Ha avuto il coraggio di affrontare le autorità religiose e politiche del suo tempo; ha fatto l'esperienza di sentirsi incompreso e scartato; ha provato la paura della sofferenza e conosciuto la fragilità della Passione; ha rivolto il proprio sguardo verso il futuro affidandosi alle mani sicure del Padre e alla forza dello Spirito. In Gesù tutti i giovani possono ritrovarsi, con le loro paure e le loro speranze, le loro incertezze e i loro sogni e a Lui si possono affidare. Sarà per loro fonte di ispirazione contemplare gli incontri di Gesù con i giovani.

Con lo sguardo del Signore

64. L'ascolto di Cristo e la comunione con Lui consentono anche ai pastori e agli educatori di maturare una lettura sapiente di questa stagione della vita. Il Sinodo ha cercato di guardare i giovani con l'atteggiamento di Gesù, per discernere nella loro vita i segni dell'azione dello Spirito. Crediamo infatti che anche oggi Dio parla alla Chiesa e al mondo attraverso i giovani, la loro creatività e il loro impegno, come pure le loro sofferenze e le loro richieste di aiuto. Con loro possiamo leggere più profeticamente la nostra epoca e riconoscere i segni dei tempi; per questo i giovani sono uno dei "luoghi teologici" in cui il Signore ci fa conoscere alcune delle sue attese e sfide per costruire il domani.

Caratteri dell'età giovanile

65. La giovinezza, fase dello sviluppo della personalità, è marcata da sogni che vanno prendendo cor-

po, da relazioni che acquistano sempre più consistenza ed equilibrio, da tentativi e sperimentazioni, da scelte che costruiscono gradualmente un progetto di vita. In questa stagione della vita i giovani sono chiamati a proiettarsi in avanti senza tagliare le radici, a costruire autonomia, ma non in solitudine. Il contesto sociale, economico, culturale, non sempre offre condizioni favorevoli. Molti giovani santi hanno fatto risplendere i lineamenti dell'età giovanile in tutta la loro bellezza e sono stati nella loro epoca veri profeti di cambiamento; il loro esempio mostra di che cosa siano capaci i giovani quando si aprono all'incontro con Cristo.

Anche i giovani con disabilità o segnati da malattie possono offrire un contributo prezioso. Il Sinodo invita le comunità a far spazio a iniziative che li riconoscano e permettano loro di essere protagonisti, ad esempio con l'uso della lingua dei segni per i non udenti, itinerari catechistici opportunamente finalizzati, esperienze associative o di inserimento lavorativo.

La sana inquietudine dei giovani

66. I giovani sono portatori di un'inquietudine che va prima di tutto accolta, rispettata e accompagnata, scommettendo con convinzione sulla loro libertà e responsabilità. La Chiesa sa per esperienza che il loro contributo è fondamentale per il suo rinnovamento. I giovani, per certi aspetti, possono essere più avanti dei pastori. Il mattino di Pasqua il giovane Discepolo Amato è arrivato per primo al sepolcro, precedendo nella sua corsa Pietro appesantito dall'età e dal tradimento (cfr. *Gv* 20,1-10); allo stesso modo nella comunità cristiana il dinamismo giovanile è un'energia rinnovatrice per la Chiesa, perché la aiuta a scrollarsi di dosso pesantezze e lentezze e ad aprirsi al Risorto. Allo stesso tempo, l'atteggiamento del Discepolo Amato indica che è importante restare collegati con l'esperienza degli anziani, riconoscere il ruolo dei pastori e non andare avanti da soli. Si avrà così quella sinfonia di voci che è frutto dello Spirito.

I giovani feriti

67. La vita dei giovani, come quella di tutti, è segnata anche da ferite. Sono le ferite delle sconfitte della propria storia, dei desideri frustrati, delle discriminazioni e ingiustizie subite, del non essersi sentiti amati o riconosciuti. Sono ferite del corpo e della psiche. Cristo, che ha accettato di attraversare la passione e la morte, attraverso la Sua croce si fa prossimo di tutti i giovani che soffrono. Ci sono poi le ferite morali, il peso dei propri errori, i sensi di colpa per aver sbagliato. Riconciliarsi con le proprie ferite è oggi più che mai condizione necessaria per una vita buona. La Chiesa è chiamata a sostenere tutti i giovani nelle loro prove e a promuovere azioni pastorali adeguate.

L'età delle scelte

68. La giovinezza è una stagione della vita che deve terminare, per fare spazio all'età adulta. Tale passaggio non avviene in modo puramente anagrafico, ma implica un cammino di maturazione, che non sempre è facilitato dall'ambiente in cui i giovani vivono. In molte regioni si è infatti diffusa una cultura del provvisorio che favorisce un prolungamento indefinito dell'adolescenza e il rimando delle decisioni; la paura del definitivo genera così una sorta di paralisi decisionale. La giovinezza però non può restare un tempo sospeso: essa è l'età delle scelte e proprio in questo consiste il suo fascino e il suo compito più grande. I giovani prendono decisioni in ambito professionale, sociale, politico, e altre più radicali che daranno alla loro esistenza una configurazione determinante. È a proposito di queste ultime che si parla più precisamente di "scelte di vita": è infatti la vita stessa, nella sua singolarità irripetibile, che vi riceve orientamento definitivo.

L'esistenza sotto il segno della missione

69. Papa Francesco invita i giovani a pensare la propria vita nell'orizzonte della missione: «Tante volte, nella vita, perdiamo tempo a domandarci: "Ma *chi* sono io?". Tu puoi domandarti chi sei tu e fare tutta una vita cercando chi sei tu. Ma domandati: "*Per chi sono io?*"» (*Discorso nella Veglia di preghiera in preparazione alla Giornata Mondiale della gioventù*, Basilica di Santa Maria Maggiore, 8 aprile 2017). Questa affermazione illumina in modo profondo le scelte di vita, perché sollecita ad assumerle nell'orizzonte liberante del dono di sé. È questa l'unica strada per giungere a una felicità autentica e duratura! Effettivamente «la missione al cuore del popolo non è una parte della mia vita, o un ornamento che mi posso togliere, non è un'appendice, o un momento tra i tanti dell'esistenza. È qualcosa che non posso sradicare dal mio essere se non voglio distruggermi. Io sono una missione su questa terra, e per questo mi trovo in questo mondo» (FRANCESCO, *Evangelii gaudium*, n. 273).

Una pedagogia capace di interpellare

70. La missione è una bussola sicura per il cammino della vita, ma non è un "navigatore", che mostra in anticipo tutto il percorso. La libertà porta sempre con sé una dimensione di rischio che va valorizzata con coraggio e accompagnata con gradualità e saggezza. Molte pagine del Vangelo ci mostrano Gesù che invita a osare, a prendere il largo, a passare dalla logica dell'osservanza dei precetti a quella del dono generoso e incondizionato, senza nascondere l'esigenza di prendere su di sé la propria croce (cfr. *Mt* 16,24). Egli è radicale: «*dà tutto* e *chiede tutto*: dà un

amore totale e chiede un cuore indiviso» (FRANCESCO, *Omelia del 14 ottobre 2018*). Evitando di illudere i giovani con proposte minimali o soffocarli con un insieme di regole che danno del cristianesimo un'immagine riduttiva e moralistica, siamo chiamati a investire sulla loro audacia ed educarli ad assumersi le loro responsabilità, certi che anche l'errore, il fallimento e la crisi sono esperienze che possono rafforzare la loro umanità.

Il vero senso dell'autorità

71. Per compiere un vero cammino di maturazione i giovani hanno bisogno di adulti autorevoli. Nel suo significato etimologico la *auctoritas* indica la capacità di far crescere; non esprime l'idea di un potere direttivo, ma di una vera forza generativa. Quando Gesù incontrava i giovani, in qualsiasi stato e condizione si trovassero, persino se erano morti, in un modo o nell'altro diceva loro: "Alzati! Cresci!" E la sua parola realizzava quello che diceva (cfr. *Mc* 5,41; *Lc* 7,14). Nell'episodio della guarigione dell'epilettico indemoniato (cfr. *Mc* 9,14-29), che evoca tante forme di alienazione dei giovani di oggi, appare chiaro che la stretta della mano di Gesù non è per togliere la libertà ma per attivarla, per liberarla. Gesù esercita pienamente la sua autorità: non vuole altro che il crescere del giovane, senza alcuna possessività, manipolazione e seduzione.

Il legame con la famiglia

72. La famiglia è la prima comunità di fede in cui, pur tra limiti e incompiutezze, il giovane sperimenta l'amore di Dio e inizia a discernere la propria vocazione. I Sinodi precedenti, e la successiva Esortazione Apostolica *Amoris laetitia*, non cessano di sottolineare che la famiglia, in quanto Chiesa domestica, ha il compito di vivere la gioia del Vangelo nella vita quotidiana e farne partecipe tutti i membri secondo la loro condizione, rimanendo aperti alla dimensione vocazionale e missionaria.

Non sempre però le famiglie educano i figli a guardare al futuro in una logica vocazionale. Talora la ricerca del prestigio sociale o del successo personale, l'ambizione dei genitori o la tendenza a determinare le scelte dei figli invadono lo spazio del discernimento e condizionano le decisioni. Il Sinodo riconosce la necessità di aiutare le famiglie ad assumere in modo più chiaro una concezione della vita come vocazione. Il racconto evangelico di Gesù adolescente (cfr. *Lc* 2,41-52), sottomesso ai genitori ma capace di staccarsi da loro per occuparsi delle cose del Padre, può offrire luci preziose per impostare in modo evangelico le relazioni familiari.

Il Vangelo della libertà

73. La libertà è condizione essenziale per ogni autentica scelta di vita. Essa rischia però di essere fraintesa, anche perché non sempre adeguatamente presentata. La Chiesa stessa finisce per apparire a molti giovani come una istituzione che impone regole, divieti e obblighi. Cristo invece «ci ha liberati per la libertà» (*Gal* 5,1), facendoci passare dal regime della Legge a quello dello Spirito. Alla luce del Vangelo, è opportuno oggi riconoscere con più chiarezza che la libertà è costitutivamente relazionale e mostrare che le passioni e le emozioni sono rilevanti nella misura in cui orientano verso l'autentico incontro con l'altro. Una tale prospettiva attesta con chiarezza che la vera libertà è comprensibile e possibile solamente in relazione alla verità (cfr. *Gv* 8,31-32) e soprattutto alla carità (cfr. 1*Cor* 13,1-13; *Gal* 5,13): la libertà è essere se stessi nel cuore di un altro.

Una libertà responsoriale

74. Attraverso la fraternità e la solidarietà vissute, specialmente con gli ultimi, i giovani scoprono che l'autentica libertà nasce dal sentirsi accolti e cresce nel fare spazio all'altro. Fanno un'esperienza analoga quando si impegnano a coltivare la sobrietà o il rispetto dell'ambiente. L'esperienza del ricono-

scimento reciproco e dell'impegno condiviso li conduce a scoprire che il loro cuore è abitato da un appello silenzioso all'amore che proviene da Dio. Diventa così più facile riconoscere la dimensione trascendente che la libertà porta originariamente in sé e che a contatto con le esperienze più intense della vita – la nascita e la morte, l'amicizia e l'amore, la colpa e il perdono – viene più chiaramente risvegliata. Sono proprio queste esperienze che aiutano a riconoscere che la natura della libertà è radicalmente responsoriale.

La libertà e la fede

75. Più di 50 anni fa, san Paolo VI introdusse l'espressione «dialogo della salvezza» e interpretò la missione del Figlio nel mondo come espressione di una «formidabile domanda d'amore». Aggiunse però che siamo «liberi di corrispondervi o di rifiutarla» (cfr. *Ecclesiam suam*, n. 77). In questa prospettiva, l'atto di fede personale appare come libero e liberante: sarà il punto di partenza per un'appropriazione graduale dei contenuti della fede. La fede quindi non costituisce un elemento che si aggiunge quasi dall'esterno alla libertà, ma compie l'anelito della coscienza alla verità, al bene e alla bellezza, ritrovandoli pienamente in Gesù. La testimonianza di tanti giovani martiri del passato e del presente, risuonata con forza al Sinodo, è la prova più convincente che

la fede rende liberi nei confronti delle potenze del mondo, delle sue ingiustizie e perfino di fronte alla morte.

La libertà ferita e redenta

76. La libertà umana è segnata dalle ferite del peccato personale e dalla concupiscenza. Ma quando, grazie al perdono e alla misericordia, la persona prende coscienza degli ostacoli che la imprigionano, cresce in maturità e può impegnarsi con più lucidità nelle scelte definitive della vita. In una prospettiva educativa, è importante aiutare i giovani a non scoraggiarsi di fronte a errori e fallimenti, seppure umilianti, perché fanno parte integrante del cammino verso una libertà più matura, cosciente della propria grandezza e debolezza.

Il male non ha però l'ultima parola: «Dio infatti ha tanto amato il mondo da dare il suo Figlio unigenito» (*Gv* 3,16). Egli ci ha amato fino alla fine e ha così riscattato la nostra libertà. Morendo per noi sulla croce ha effuso lo Spirito, e «dove c'è lo Spirito del Signore c'è libertà» (*2Cor* 3,17): una libertà nuova, pasquale, che si compie nel dono quotidiano di sé.

Capitolo II
Il mistero della vocazione

La ricerca della vocazione

Vocazione, viaggio e scoperta

77. Il racconto della chiamata di Samuele (cfr. 1*Sam* 3,1-21) permette di cogliere i tratti fondamentali del discernimento: l'ascolto e il riconoscimento dell'iniziativa divina, un'esperienza personale, una comprensione progressiva, un accompagnamento paziente e rispettoso del mistero in atto, una destinazione comunitaria. La vocazione non si impone a Samuele come un destino da subire; è una proposta di amore, un invio missionario in una storia di quotidiana reciproca fiducia.

Come per il giovane Samuele, così per ogni uomo e ogni donna la vocazione, pur avendo momenti forti e privilegiati, comporta un lungo viaggio. La Parola del Signore esige tempo per essere intesa e interpretata; la missione a cui essa chiama si svela con gradualità. I giovani sono affascinati dall'avventura della scoperta progressiva di sé. Essi imparano volentieri dalle attività che svolgono, dagli incontri e dalle relazioni, mettendosi alla prova nel quotidiano. Hanno bisogno però di essere aiutati a raccogliere in unità le diverse esperienze e a leggerle in una prospettiva di fede, vincendo il rischio della dispersione e riconoscendo i segni con cui Dio parla. Nella scoperta della vocazione, non tutto è subito chiaro, perché la fede «"vede" nella misura in cui cammina, in cui entra nello spazio aperto dalla Parola di Dio» (FRANCESCO, *Lumen fidei*, 9).

Vocazione, grazia e libertà

78. Nel corso dei secoli, la comprensione teologica del mistero della vocazione ha conosciuto accentuazioni diverse, a seconda del contesto sociale ed ecclesiale entro cui il tema è stato elaborato. Va in ogni caso riconosciuto il carattere analogico del termine "vocazione" e le molte dimensioni che connotano la realtà che esso designa. Questo conduce, di volta in volta, a mettere in evidenza singoli aspetti, con prospettive che non hanno sempre saputo salvaguardare con pari equilibrio la complessità dell'insieme. Per cogliere in profondità il mistero della vocazione che trova in Dio la sua origine ultima, siamo dunque chiamati a purificare il nostro immaginario e il nostro linguaggio religioso, ritrovando la ricchezza e l'equilibrio della narrazione biblica. L'intreccio tra la scelta divina e la libertà umana, in particolare, va pensato fuori da ogni determinismo e da ogni estrinsecismo. La vocazione non è né un copione già scritto che l'essere umano dovrebbe semplicemente recitare né

un'improvvisazione teatrale senza traccia. Poiché Dio ci chiama a essere amici e non servi (cfr. *Gv* 15,13), le nostre scelte concorrono in modo reale al dispiegarsi storico del suo progetto di amore. L'economia della salvezza, d'altra parte, è un Mistero che ci supera infinitamente; per questo solo l'ascolto del Signore può svelarci quale parte siamo chiamati ad avere in essa. Colta in questa luce, la vocazione appare realmente come un dono di grazia e di alleanza, come il segreto più bello e prezioso della nostra libertà.

Creazione e vocazione

79. Affermando che tutte le cose sono state create per mezzo di Cristo e in vista di Lui (cfr. *Col* 1,16), la Scrittura orienta a leggere il mistero della vocazione come una realtà che segna la stessa creazione di Dio. Dio ha creato con la sua Parola che "chiama" all'essere e alla vita e poi "distingue" nel caos dell'indistinto, imprimendo al cosmo la bellezza dell'ordine e l'armonia della diversità. Se già san Paolo VI aveva affermato che «ogni vita è vocazione» (cfr. *Populorum progressio*, 15), Benedetto XVI ha insistito sul fatto che l'essere umano è creato come essere dialogico: la Parola creatrice «chiama ciascuno in termini personali, rivelando così che la *vita stessa è vocazione* in rapporto a Dio» (cfr. *Verbum Domini*, 77).

Per una cultura vocazionale

80. Parlare dell'esistenza umana in termini vocazionali consente di evidenziare alcuni elementi che sono molto importanti per la crescita di un giovane: significa escludere che essa sia determinata dal destino o frutto del caso, come anche che sia un bene privato da gestire in proprio. Se nel primo caso non c'è vocazione perché non c'è il riconoscimento di una destinazione degna dell'esistenza, nel secondo un essere umano pensato "senza legami" diventa "senza vocazione". Per questo è importante creare le condizioni perché in tutte le comunità cristiane, a partire dalla coscienza battesimale dei loro membri, si sviluppi una vera e propria cultura vocazionale e un costante impegno di preghiera per le vocazioni.

La vocazione a seguire Gesù

Il fascino di Gesù

81. Tanti giovani sono affascinati dalla figura di Gesù. La sua vita appare loro buona e bella, perchè povera e semplice, fatta di amicizie sincere e profonde, spesa per i fratelli con generosità, mai chiusa verso nessuno, ma sempre disponibile al dono. La vita di Gesù rimane anche oggi profondamente attrattiva e ispirante; essa è per tutti i giovani una provocazione che interpella. La Chiesa sa che ciò è dovuto al fatto

che Gesù ha un legame profondo con ogni essere umano perché «Cristo, che è il nuovo Adamo, proprio rivelando il mistero del Padre e del suo amore svela anche pienamente l'uomo a se stesso e gli manifesta la sua altissima vocazione» (cfr. *Gaudium et spes*, n. 22).

Fede, vocazione e discepolato

82. Di fatto Gesù non solo ha affascinato con la sua vita, ma ha anche chiamato esplicitamente alla fede. Egli ha incontrato uomini e donne che hanno riconosciuto nei suoi gesti e nelle sue parole il modo giusto di parlare di Dio e di rapportarsi con Lui, accedendo a quella fede che porta alla salvezza: «Figlia, la tua fede ti ha salvata. Va' in pace!» (*Lc* 8,48). Altri che l'hanno incontrato sono stati invece chiamati a divenire suoi discepoli e testimoni. Egli non ha nascosto a chi vuol essere suo discepolo l'esigenza di prendere la propria croce ogni giorno e di seguirlo in un cammino pasquale di morte e di risurrezione. La fede testimoniale continua a vivere nella Chiesa, segno e strumento di salvezza per tutti i popoli. L'appartenenza alla comunità di Gesù ha sempre conosciuto diverse forme di sequela. La gran parte dei discepoli ha vissuto la fede nelle condizioni ordinarie della vita quotidiana; altri invece, comprese alcune figure femminili, hanno condiviso l'esistenza itinerante e profetica del Maestro (cfr. *Lc* 8,1-3); fin dall'inizio gli apostoli hanno avuto un ruolo particolare nella comunità e sono stati da lui associati al suo ministero di guida e di predicazione.

La Vergine Maria

83. Tra tutte le figure bibliche che illustrano il mistero della vocazione va contemplata in modo singolare quella di Maria. Giovane donna che con il suo "sì" ha reso possibile l'Incarnazione creando le condizioni perché ogni altra vocazione ecclesiale possa essere generata, ella rimane la prima discepola di Gesù e il modello di ogni discepolato. Nel suo pellegrinaggio di fede, Maria ha seguito suo Figlio fino ai piedi della croce, e, dopo la Resurrezione, ha accompagnato la Chiesa nascente a Pentecoste. Come madre e maestra misericordiosa continua ad accompagnare la Chiesa e a implorare lo Spirito che vivifica ogni vocazione. È quindi evidente che il "principio mariano" ha un ruolo eminente e illumina tutta la vita della Chiesa nelle sue diverse manifestazioni. A fianco della Vergine, anche la figura di Giuseppe suo sposo costituisce un modello esemplare di risposta vocazionale.

Vocazione e vocazioni

Vocazione e missione della Chiesa

84. Non è possibile intendere in pienezza il significato della vocazione battesimale se non si considera

che essa è per tutti, nessuno escluso, una chiamata alla santità. Tale appello implica necessariamente l'invito a partecipare alla missione della Chiesa, che ha come finalità fondamentale la comunione con Dio e tra tutte le persone. Le vocazioni ecclesiali sono infatti espressioni molteplici e articolate attraverso cui la Chiesa realizza la sua chiamata a essere segno reale del Vangelo accolto in una comunità fraterna. Le diverse forme di sequela di Cristo esprimono, ciascuna a modo proprio, la missione di testimoniare l'evento di Gesù, nel quale ogni uomo e ogni donna trovano la salvezza.

La varietà dei carismi

85. San Paolo ritorna più volte nelle sue lettere su questo tema, richiamando l'immagine della Chiesa come corpo costituito da varie membra e ponendo in risalto che ciascun membro è necessario e allo stesso tempo relativo all'insieme, poiché solo l'unità di tutti rende il corpo vivente e armonico. L'origine di questa comunione è trovata dall'Apostolo nello stesso mistero della Santissima Trinità: «Vi sono diversi carismi, ma uno solo è lo Spirito; vi sono diversi ministeri, ma uno solo è il Signore; vi sono diverse attività, ma uno solo è Dio che opera tutto in tutti» (1*Cor* 12,4-6). Il Concilio Vaticano II e il successivo magistero offrono indicazioni preziose per elaborare una corretta teologia dei carismi e dei ministeri nella Chiesa, in modo da accogliere con riconoscenza e valorizzare con sa-

pienza i doni di grazia che lo Spirito fa continuamente sorgere nella Chiesa per ringiovanirla.

Professione e vocazione

86. Per molti giovani l'orientamento professionale è vissuto in un orizzonte vocazionale. Non di rado si rifiutano proposte di lavoro allettanti non in linea con i valori cristiani, e la scelta dei percorsi formativi viene fatta domandandosi come far fruttificare i talenti personali a servizio del Regno di Dio. Il lavoro è per molti occasione per riconoscere e valorizzare i doni ricevuti: in tal modo gli uomini e le donne partecipano attivamente al mistero trinitario della creazione, redenzione e santificazione.

La famiglia

87. Le due recenti Assemblee sinodali sulla famiglia, cui è seguita l'Esortazione Apostolica *Amoris Laetitia*, hanno offerto un ricco contributo circa la vocazione della famiglia nella Chiesa e l'apporto insostituibile che le famiglie sono chiamate a dare alla testimonianza del Vangelo attraverso l'amore reciproco, la generazione e l'educazione dei figli. Mentre si rimanda alla ricchezza emersa nei recenti documenti, si richiama l'importanza di riprenderne il messaggio per riscoprire e rendere comprensibile ai giovani la bellezza della vocazione nuziale.

La vita consacrata

88. Il dono della vita consacrata, nella sua forma sia contemplativa sia attiva, che lo Spirito suscita nella Chiesa ha un particolare valore profetico in quanto è testimonianza gioiosa della gratuità dell'amore. Quando le comunità religiose e le nuove fondazioni vivono autenticamente la fraternità esse diventano scuole di comunione, centri di preghiera e di contemplazione, luoghi di testimonianza, di dialogo intergenerazionale e interculturale e spazi per l'evangelizzazione e la carità. La missione di molti consacrati e consacrate che si prendono cura degli ultimi nelle periferie del mondo manifesta concretamente la dedizione di una Chiesa in uscita. Se in alcune regioni sperimenta la riduzione numerica e la fatica dell'invecchiamento, la vita consacrata continua a essere feconda e creativa anche attraverso la corresponsabilità con tanti laici che condividono lo spirito e la missione dei diversi carismi. La Chiesa e il mondo non possono fare a meno di questo dono vocazionale, che costituisce una grande risorsa per il nostro tempo.

Il ministero ordinato

89. La Chiesa ha sempre avuto una particolare cura per le vocazioni al ministero ordinato, nella consapevolezza che quest'ultimo è un elemento costitutivo della sua identità ed è necessario alla vita cristiana. Per tale ragione essa ha sempre coltivato un'attenzione specifica per la formazione e l'accompagnamento dei candidati al presbiterato. La preoccupazione di molte Chiese per il loro calo numerico rende necessaria una rinnovata riflessione sulla vocazione al ministero ordinato e su una pastorale vocazionale che sappia far sentire il fascino della persona di Gesù e della sua chiamata a divenire pastori del suo gregge. Anche la vocazione al diaconato permanente richiede maggiore attenzione, perché costituisce una risorsa di cui non si sono ancora sviluppate tutte le potenzialità.

La condizione dei "single"

90. Il Sinodo ha riflettuto sulla condizione delle persone che vivono da "single", riconoscendo che con questo termine si possono indicare situazioni di vita molto diverse tra loro. Tale situazione può dipendere da molte ragioni, volontarie o involontarie, e da fattori culturali, religiosi, sociali. Essa può dunque esprimere una gamma di percorsi molto ampia. La Chiesa riconosce che tale condizione, assunta in una logica di fede e di dono, può divenire una delle molte strade attraverso cui si attua la grazia del battesimo e si cammina verso quella santità a cui tutti siamo chiamati.

Capitolo III
La missione di accompagnare

La Chiesa che accompagna

Di fronte alle scelte

91. Nel mondo contemporaneo, caratterizzato da un pluralismo sempre più evidente e da una disponibilità di opzioni sempre più ampia, il tema delle scelte si pone con particolare forza e a diversi livelli, soprattutto di fronte a itinerari di vita sempre meno lineari, caratterizzati da grande precarietà. Spesso infatti i giovani si muovono tra approcci estremi quanto ingenui: dal considerarsi in balia di un destino già scritto e inesorabile, al sentirsi sopraffatti da un astratto ideale di eccellenza, in un quadro di competizione sregolata e violenta.

Accompagnare per compiere scelte valide, stabili e ben fondate è quindi un servizio di cui si sente diffusamente la necessità. Farsi presente, sostenere e accompagnare l'itinerario verso scelte autentiche è per la Chiesa un modo di esercitare la propria funzione materna generando alla libertà dei figli di Dio. Tale servizio non è altro che la continuazione del modo in cui il Dio di Gesù Cristo agisce nei confronti del suo popolo: attraverso una presenza costante e cordiale, una prossimità dedita e amorevole e una tenerezza senza confini.

Spezzare insieme il pane

92. Come insegna il racconto dei discepoli di Emmaus, accompagnare richiede la disponibilità a fare insieme un tratto di strada, stabilendo una relazione significativa. L'origine del termine "accompagnare" rinvia al pane spezzato e condiviso (*cum pane*), con tutta la ricchezza simbolica umana e sacramentale di questo rimando. È dunque la comunità nel suo insieme il soggetto primo dell'accompagnamento, proprio perché nel suo seno si sviluppa quella trama di relazioni che può sostenere la persona nel suo cammino e fornirle punti di riferimento e di orientamento. L'accompagnamento nella crescita umana e cristiana verso la vita adulta è una delle forme con cui la comunità si mostra capace di rinnovarsi e di rinnovare il mondo.

L'Eucaristia è memoria viva dell'evento pasquale, luogo privilegiato dell'evangelizzazione e della trasmissione della fede in vista della missione. Nell'assemblea raccolta nella celebrazione eucaristica, l'esperienza di essere personalmente toccati, istruiti e guariti da Gesù accompagna ciascuno nel suo percorso di crescita personale.

Ambienti e ruoli

93. Oltre ai membri della famiglia, sono chiamate a svolgere un ruolo di accompagnamento tutte le persone significative nei diversi ambiti di vita dei giovani, come insegnanti, animatori, allenatori e altre figure di riferimento, anche professionali. Sacerdoti, religiosi e religiose, pur non avendo il monopolio dell'accompagnamento, hanno un compito specifico che scaturisce dalla loro vocazione e che devono riscoprire, come richiesto dai giovani presenti all'Assemblea sinodale, a nome di tanti altri. L'esperienza di alcune Chiese esalta il ruolo dei catechisti come accompagnatori delle comunità cristiane e dei loro membri.

Accompagnare l'inserimento nella società

94. L'accompagnamento non può limitarsi al percorso di crescita spirituale e alle pratiche della vita cristiana. Altrettanto fruttuoso risulta l'accompagnamento lungo il percorso di progressiva assunzione di responsabilità all'interno della società, ad esempio in ambito professionale o di impegno sociopolitico. In tal senso l'Assemblea sinodale raccomanda la valorizzazione della dottrina sociale della Chiesa. All'interno di società e di comunità ecclesiali sempre più interculturali e multireligiose, è necessario un accompagnamento specifico al rapporto con la diver-

sità, che la valorizzi come arricchimento reciproco e possibilità di comunione fraterna, contro la duplice tentazione del ripiegamento identitario e del relativismo.

L'ACCOMPAGNAMENTO COMUNITARIO, DI GRUPPO E PERSONALE

Una tensione feconda

95. C'è una complementarità costitutiva tra l'accompagnamento personale e quello comunitario, che ogni spiritualità o sensibilità ecclesiale è chiamata ad articolare in maniera originale. Sarà soprattutto in alcuni momenti particolarmente delicati, ad esempio la fase del discernimento rispetto a scelte di vita fondamentali o l'attraversamento di momenti critici, che l'accompagnamento personale diretto risulterà particolarmente fecondo. Rimane comunque importante anche nella vita quotidiana come via per approfondire la relazione con il Signore.

Si sottolinea poi l'urgenza di accompagnare personalmente seminaristi e giovani sacerdoti, religiosi in formazione, come anche le coppie nel cammino di preparazione al matrimonio e nei primi tempi dopo la celebrazione del sacramento, ispirandosi al catecumenato.

L'accompagnamento comunitario e di gruppo

96. Gesù ha accompagnato il gruppo dei suoi discepoli condividendo con loro la vita di ogni giorno. L'esperienza comunitaria mette in evidenza qualità e limiti di ogni persona e fa crescere la coscienza umile che senza la condivisione dei doni ricevuti per il bene di tutti non è possibile seguire il Signore.

Questa esperienza continua nella pratica della Chiesa, che vede i giovani inseriti in gruppi, movimenti e associazioni di vario genere, in cui sperimentano l'ambiente caldo e accogliente e l'intensità di rapporti che desiderano. L'inserimento in realtà di questo tipo è di particolare importanza una volta completato il percorso dell'iniziazione cristiana, perché offre ai giovani il terreno per proseguire la maturazione della propria vocazione cristiana. In questi ambienti va incoraggiata la presenza di pastori, così da garantire un accompagnamento adeguato.

Nei gruppi educatori e animatori rappresentano un punto di riferimento in termini di accompagnamento, mentre i rapporti di amicizia che si sviluppano al loro interno costituiscono il terreno per un accompagnamento tra pari.

L'accompagnamento spirituale personale

97. L'accompagnamento spirituale è un processo che intende aiutare la persona a integrare progressi-

vamente le diverse dimensioni della vita per seguire il Signore Gesù. In questo processo si articolano tre istanze: l'ascolto della vita, l'incontro con Gesù e il dialogo misterioso tra la libertà di Dio e quella della persona. Chi accompagna accoglie con pazienza, suscita le domande più vere e riconosce i segni dello Spirito nella risposta dei giovani.

Nell'accompagnamento spirituale personale si impara a riconoscere, interpretare e scegliere nella prospettiva della fede, in ascolto di quanto lo Spirito suggerisce all'interno della vita di ogni giorno (cfr. FRANCESCO, *Evangelii gaudium*, n. 169-173). Il carisma dell'accompagnamento spirituale, anche nella tradizione, non è necessariamente legato al ministero ordinato. Mai come oggi c'è necessità di guide spirituali, padri e madri con una profonda esperienza di fede e di umanità e non solo preparati intellettualmente. Il Sinodo si augura che vi sia una riscoperta in questo ambito anche della grande risorsa generativa della vita consacrata, in particolare quella femminile, e di laici, adulti e giovani, ben formati.

Accompagnamento e sacramento della Riconciliazione

98. Il sacramento della Riconciliazione svolge un ruolo indispensabile per procedere nella vita di fede, che è segnata non solo dal limite e dalla fragilità, ma anche dal peccato. Il ministero della Riconciliazione e l'accompagnamento spirituale devono essere opportunamente distinti perché hanno finalità e forme differenti. È pastoralmente opportuna una sana e saggia gradualità di percorsi penitenziali, con il coinvolgimento di una pluralità di figure educative, che aiutino i giovani a leggere la propria vita morale, a maturare un corretto senso del peccato e soprattutto ad aprirsi alla gioia liberatrice della misericordia.

Un accompagnamento integrale

99. Il Sinodo riconosce poi la necessità di promuovere un accompagnamento integrale, in cui gli aspetti spirituali sono ben integrati con quelli umani e sociali. Come spiega papa Francesco, «il discernimento spirituale non esclude gli apporti delle sapienze umane, esistenziali, psicologiche, sociologiche o morali. Però le trascende» (*Gaudete et exsultate*, n. 170). Si tratta di elementi da cogliere in maniera dinamica e nel rispetto delle diverse spiritualità e culture, senza esclusioni e senza confusioni.

L'accompagnamento psicologico o psicoterapeutico, se aperto alla trascendenza, può rivelarsi fondamentale per un cammino di integrazione della personalità, riaprendo alla possibile crescita vocazionale alcuni aspetti della personalità chiusi o bloccati. I giovani vivono tutta la ricchezza e la fragilità di essere un "cantiere aperto". L'elaborazione psicologica potrebbe non solo aiutare a ripercorrere con pazienza la propria storia, ma anche riaprire domande per giungere a un equilibrio affettivo più stabile.

L'accompagnamento nella formazione al ministero ordinato e alla vita consacrata

100. Nell'accogliere i giovani nelle case di formazione o seminari è importante verificare un sufficiente radicamento in una comunità, una stabilità nelle relazioni di amicizia con i pari, nell'impegno di studio o di lavoro, nel contatto con la povertà e la sofferenza. Nell'accompagnamento spirituale è decisivo iniziare alla preghiera e al lavoro interiore, imparando il discernimento prima di tutto nella propria vita, anche attraverso forme di rinuncia e di ascesi. Il celibato per il Regno (cfr. *Mt* 19,12) dovrebbe essere inteso come un dono da riconoscere e verificare nella libertà, gioia, gratuità e umiltà, prima dell'ammissione agli ordini o della prima professione. Il contributo della psicologia è da intendere come aiuto per la maturazione affettiva e l'integrazione della personalità, da inserire nell'itinerario formativo secondo la deontologia professionale e il rispetto della libertà effettiva di chi è in formazione. La figura del rettore o di chi è responsabile della formazione diventa sempre più importante per unificare il cammino formativo, per giungere a un discernimento realistico consultando tutte le persone coinvolte nella formazione e per decidere rispetto all'eventualità di interrompere il cammino formativo aiutando a procedere in altra via vocazionale.

Terminata la fase iniziale della formazione, occorre assicurare la formazione permamente e l'accompagnamento di sacerdoti, consacrati e consacrate, soprattutto i più giovani. Questi si trovano spesso confrontati a sfide e responsabilità sproporzionate. Il compito di accompagnarli spetta non solo ad appositi delegati, ma deve essere esercitato personalmente da vescovi e superiori.

Accompagnatori di qualità

Chiamati ad accompagnare

101. In molti modi i giovani ci hanno chiesto di qualificare la figura degli accompagnatori. Il servizio dell'accompagnamento è un'autentica missione, che sollecita la disponibilità apostolica di chi lo compie. Come il diacono Filippo, l'accompagnatore è chiamato a obbedire alla chiamata dello Spirito uscendo e abbandonando il recinto delle mura di Gerusalemme, figura della comunità cristiana, per dirigersi in un luogo deserto e inospitale, forse pericoloso, dove faticare per rincorrere un carro. Raggiuntolo, deve trovare il modo di entrare in relazione con il viaggiatore straniero, per suscitare una domanda che forse spontaneamente non sarebbe mai stata formulata (cfr. *At* 8,26-40). In breve, accompagnare richiede di mettersi a disposizione, dello Spirito del Signore e di chi è accompagnato, con tutte le proprie qualità e capacità, e poi avere il coraggio di farsi da parte con umiltà.

Il profilo dell'accompagnatore

102. Il buon accompagnatore è una persona equilibrata, di ascolto, di fede e di preghiera, che si è misurata con le proprie debolezze e fragilità. Per questo sa essere accogliente verso i giovani che accompagna, senza moralismi e senza false indulgenze. Quando è necessario sa offrire anche la parola della correzione fraterna.

La consapevolezza che accompagnare è una missione che richiede un profondo radicamento nella vita spirituale lo aiuterà a mantenersi libero nei confronti dei giovani che accompagna: rispetterà l'esito del loro percorso, sostenendoli con la preghiera e gioendo dei frutti che lo Spirito produce in coloro che gli aprono il cuore, senza cercare di imporre la propria volontà e le proprie preferenze. Ugualmente sarà capace di mettersi al servizio, anziché occupare il centro della scena e assumere atteggiamenti possessivi e manipolatori che creano dipendenza e non libertà nelle persone. Questo profondo rispetto sarà anche la migliore garanzia contro i rischi di plagio e di abusi di ogni genere.

L'importanza della formazione

103. Per poter svolgere il proprio servizio, l'accompagnatore avrà bisogno di coltivare la propria vita spirituale, alimentando il rapporto che lo lega a Colui che gli ha assegnato la missione. Allo stesso tempo avrà bisogno di sentire il sostegno della comunità ecclesiale di cui fa parte. Sarà importante che riceva una formazione specifica per questo particolare ministero e che possa beneficiare a sua volta di accompagnamento e di supervisione.

Va infine ricordato che tratti caratterizzanti del nostro essere Chiesa che raccolgono un grande apprezzamento dei giovani sono la disponibilità e la capacità di lavorare in *équipe*: in tal modo si è maggiormente significativi, efficaci e incisivi nella formazione dei giovani. Tale competenza nel lavoro comunitario richiede la maturazione di virtù relazionali specifiche: la disciplina dell'ascolto e la capacità di fare spazio all'altro, la prontezza nel perdono e la disponibilità a mettersi in gioco secondo una vera e propria spiritualità di comunione.

Capitolo IV
L'arte di discernere

La Chiesa, ambiente per discernere

Una costellazione di significati nella varietà delle tradizioni spirituali

104. L'accompagnamento vocazionale è dimensione fondamentale di un processo di discernimento da parte della persona che è chiamata a scegliere. Il termine "discernimento" è usato in una pluralità di accezioni, pur collegate tra di loro. In un senso più generale, discernimento indica il processo in cui si prendono decisioni importanti; in un secondo senso, più proprio della tradizione cristiana e su cui ci soffermeremo particolarmente, corrisponde alla dinamica spirituale attraverso cui una persona, un gruppo o una comunità cercano di riconoscere e di accogliere la volontà di Dio nel concreto della loro situazione: «Vagliate ogni cosa e tenete ciò che è buono» (1*Ts* 5,21). In quanto attenzione a riconoscere la voce dello Spirito e ad accogliere la sua chiamata, il discernimento è una dimensione essenziale dello stile di vita di Gesù, un atteggiamento di fondo ben più che un atto puntuale.

Lungo la storia della Chiesa le diverse spiritualità

hanno affrontato il tema del discernimento, con diverse accentuazioni anche in rapporto alle diverse sensibilità carismatiche ed epoche storiche. Durante il Sinodo abbiamo riconosciuto alcuni elementi comuni, che non eliminano la diversità dei linguaggi: la presenza di Dio nella vita e nella storia di ogni persona; la possibilità di riconoscerne l'azione; il ruolo della preghiera, della vita sacramentale e dell'ascesi; il confronto continuo con le esigenze della Parola di Dio; la libertà rispetto a certezze acquisite; la verifica costante con la vita quotidiana; l'importanza di un accompagnamento adeguato.

Il rimando costitutivo alla Parola e alla Chiesa

105. In quanto «*atteggiamento interiore* che si radica in un *atto di fede*» (FRANCESCO, *Discorso alla 1ª Congregazione Generale della XV Assemblea Generale Ordinaria del Sinodo dei Vescovi*, 3 ottobre 2018), il discernimento rimanda costitutivamente alla Chiesa, la cui missione è fare sì che ogni uomo e ogni donna incontrino quel Signore che è già all'opera nella loro vita e nel loro cuore.

Il contesto della comunità ecclesiale favorisce un clima di fiducia e di libertà nella ricerca della propria vocazione in un ambiente di raccoglimento e di preghiera; offre opportunità concrete per la rilettura della propria storia e la scoperta dei propri doni e delle proprie vulnerabilità alla luce della Parola di Dio; consente di confrontarsi con testimoni che incarnano diverse opzioni di vita. Anche l'incontro con i poveri sollecita l'approfondimento di quanto è essenziale nell'esistenza, mentre i Sacramenti – in particolare l'Eucaristia e la Riconciliazione – alimentano e sostengono chi si incammina alla scoperta della volontà di Dio.

L'orizzonte comunitario è sempre implicato in ogni discernimento, mai riducibile alla sola dimensione individuale. Al tempo stesso ogni discernimento personale interpella la comunità, sollecitandola a mettersi in ascolto di ciò che lo Spirito le suggerisce attraverso l'esperienza spirituale dei suoi membri: come ogni credente, anche la Chiesa è sempre in discernimento.

La coscienza in discernimento

Dio parla al cuore

106. Il discernimento richiama l'attenzione a quanto avviene nel cuore di ogni uomo e di ogni donna. Nei testi biblici si impiega il termine "cuore" per indicare il punto centrale dell'interiorità della persona, dove l'ascolto della Parola che Dio costantemente le rivolge diviene criterio di valutazione della vita e delle scelte (cfr. *Sal* 139). La Bibbia considera la dimensione personale, ma allo stesso tempo sottolinea quella comunitaria. Anche il "cuore nuovo" promesso dai profeti non è un dono individuale, ma riguarda tutto Israele, nella cui tradizione e storia salvifica il credente è inserito (cfr. *Ez* 36,26-27). I Vangeli proseguono sulla stessa linea: Gesù insiste sull'importanza dell'interiorità e pone nel cuore il centro della vita morale (cfr. *Mt* 15,18-20).

L'idea cristiana di coscienza

107. L'apostolo Paolo arricchisce quanto la tradizione biblica ha elaborato a proposito del cuore mettendolo in relazione con il termine "coscienza", che assume dalla cultura del suo tempo. È nella coscienza che si coglie il frutto dell'incontro e della comunione con il Cristo: una trasformazione salvifica e l'accoglienza di una nuova libertà. La tradizione cristiana insiste sulla coscienza come luogo privilegiato di un'intimità speciale con Dio e di incontro con Lui, in cui la Sua voce si fa presente: «La coscienza è il nucleo più segreto e il sacrario dell'uomo, dove egli è solo con Dio, la cui voce risuona nell'intimità» (*Gaudium et spes*, n. 16). Questa coscienza non coincide con il sentire immediato e superficiale, né con una "consapevolezza di sé": attesta una presenza trascendente, che ciascuno ritrova nella propria interiorità, ma di cui non dispone.

La formazione della coscienza

108. Formare la coscienza è il cammino di tutta la vita in cui si impara a nutrire gli stessi sentimenti di Gesù Cristo assumendo i criteri delle sue scelte e le intenzioni del suo agire (cfr. *Fil* 2,5). Per raggiungere la dimensione più profonda della coscienza, secondo la visione cristiana, è importante una cura per l'interiorità che comprende anzitutto tempi di silenzio, di contemplazione orante e di ascolto della Parola, il sostegno della pratica sacramentale e dell'insegnamento della Chiesa. Inoltre occorre una pratica abituale del bene, verificata nell'esame della coscienza: un esercizio in cui non si tratta solo di identificare i peccati, ma anche di riconoscere l'opera di Dio nella propria esperienza quotidiana, nelle vicende della storia e delle culture in cui si è inseriti, nella testimonianza di tanti altri uomini e donne che ci hanno preceduto o ci accompagnano con la loro saggezza. Tutto ciò aiuta a crescere nella virtù della prudenza, articolando l'orientamento globale dell'esistenza con le scelte concrete, nella serena consapevolezza dei propri doni e dei propri limiti. Il giovane Salomone ha chiesto questo dono più di ogni altra cosa (cfr. 1*Re* 3,9).

La coscienza ecclesiale

109. La coscienza di ogni credente nella sua dimensione più personale è sempre in relazione con la coscienza ecclesiale. È solo attraverso la mediazione della Chiesa e della sua tradizione di fede che possiamo accedere all'autentico volto di Dio che si rivela in Gesù Cristo. Il discernimento spirituale si presenta quindi come il sincero lavoro della coscienza, nel proprio impegno di conoscere il bene possibile in base a cui decidersi responsabilmente nel corretto esercizio della ragione pratica, all'interno e alla luce della relazione personale con il Signore Gesù.

La pratica del discernimento

La familiarità con il Signore

110. In quanto incontro con il Signore che si rende presente nell'intimità del cuore, il discernimento può essere compreso come autentica forma di preghiera. Per questo richiede tempi adeguati di raccoglimento, sia nella regolarità della vita quotidiana, sia in momenti privilegiati, come ritiri, corsi di esercizi spirituali, pellegrinaggi, ecc. Un serio discernimento si nutre di tutte le occasioni di incontro con il Signore e di approfondimento della familiarità con Lui, nelle diverse forme con cui si rende presente: i Sacramenti, e in particolare l'Eucaristia e la Riconciliazione; l'ascolto e la meditazione della Parola di Dio, la *Lectio divina* nella comunità; l'esperienza fraterna della vita comune; l'incontro con i poveri con cui il Signore Gesù si identifica.

Le disposizioni del cuore

111. Aprirsi all'ascolto della voce dello Spirito richiede precise disposizioni interiori: la prima è l'attenzione del cuore, favorita da un silenzio e da uno svuotamento che richiede un'ascesi. Altrettanto fondamentali sono la consapevolezza, l'accettazione di sé e il pentimento, uniti alla disponibilità di mettere ordine nella propria vita, abbandonando quello che dovesse rivelarsi di ostacolo, e riacquistare la libertà interiore necessaria per fare scelte guidate soltanto dallo Spirito Santo. Un buon discernimento richiede anche attenzione ai movimenti del proprio cuore, crescendo nella capacità di riconoscerli e dar loro un nome. Infine, il discernimento richiede il coraggio di impegnarsi nella lotta spirituale, poiché non mancheranno di manifestarsi tentazioni e ostacoli che il Maligno pone sul nostro cammino.

Il dialogo di accompagnamento

112. Le diverse tradizioni spirituali concordano sul fatto che un buon discernimento richieda un regolare confronto con una guida spirituale. Portare a parola in maniera autentica e personale i propri vissuti ne favorisce il chiarimento. Al tempo stesso l'accompagnatore assume una funzione essenziale di confronto esterno, facendosi mediatore della presenza materna della Chiesa. Si tratta di una delicata funzione di cui si è trattato nel capitolo precedente.

La decisione e la conferma

113. Il discernimento come dimensione dello stile di vita di Gesù e dei suoi discepoli permette processi concreti che puntano a uscire dall'indeterminatezza assumendo la responsabilità delle decisioni. I processi di discernimento non possono quindi durare indefinitamente, sia nei casi di percorsi personali, sia in quelli comunitari e istituzionali. Alla decisione segue una fase altrettanto fondamentale di attuazione e di verifica nella vita quotidiana. Sarà quindi indispensabile proseguire in una fase di attento ascolto delle risonanze interiori per cogliere la voce dello Spirito. Il confronto con la concretezza riveste una specifica importanza in questa fase. In particolare varie tradizioni spirituali segnalano il valore della vita fraterna e del servizio ai poveri come banco di prova delle decisioni assunte e come luogo in cui la persona rivela pienamente se stessa.

III parte
«Partirono senza indugio»

114. *«Ed essi dissero l'un l'altro: "Non ardeva forse in noi il nostro cuore mentre egli conversava con noi lungo la via, quando ci spiegava le Scritture?". Partirono senza indugio e fecero ritorno a Gerusalemme, dove trovarono riuniti gli Undici e gli altri che erano con loro, i quali dicevano: "Davvero il Signore è risorto ed è apparso a Simone!". Ed essi narravano ciò che era accaduto lungo la via e come l'avevano riconosciuto nello spezzare il pane»* (Lc 24,32-35).

Dall'ascolto della Parola si passa alla gioia di un incontro che riempie il cuore, dà senso all'esistenza e infonde energia nuova. I volti si illuminano e il cammino riprende vigore: è la luce e la forza della risposta vocazionale che si fa missione verso la comunità e il mondo intero. Senza indugio e senza paura i discepoli ritornano sui loro passi per raggiungere i fratelli e testimoniare il loro incontro con Gesù risorto.

Un'icona di risurrezione

115. In continuità con l'ispirazione pasquale di Emmaus, l'icona di Maria Maddalena (cfr. *Gv* 20,1-18) illumina il cammino che la Chiesa vuole compiere con e per i giovani come frutto di questo Sinodo: un cammino di risurrezione che conduce all'annuncio e alla missione. Abitata da un profondo desiderio del Signore, sfidando il buio della notte la Maddalena corre da Pietro e dall'altro discepolo; il suo movimento innesca il loro, la sua dedizione femminile anticipa il cammino degli apostoli e apre loro la strada. All'alba di quel giorno, il primo della settimana, giunge la sorpresa dell'incontro: Maria ha cercato perché amava, ma trova perché è amata. Il Risorto si fa riconoscere chiamandola per nome e le chiede di non trattenerlo, perché il suo Corpo risorto non è un tesoro da imprigionare, ma un Mistero da condividere. Così ella diventa la prima discepola missionaria, l'apostola degli apostoli. Guarita dalle sue ferite (cfr. *Lc* 8,2) e testimone della risurrezione, è l'immagine della Chiesa giovane che sogniamo.

Camminare con i giovani

116. La passione per cercare la verità, lo stupore di fronte alla bellezza del Signore, la capacità di condividere e la gioia dell'annuncio vivono anche oggi nel cuore di tanti giovani che sono membra vive della Chiesa. Non si tratta dunque di fare soltanto qualcosa "per loro", ma di vivere in comunione "con loro", crescendo insieme nella comprensione del Vangelo e nella ricerca delle forme più autentiche per viverlo e testimoniarlo. La partecipazione responsabile dei giovani alla vita della Chiesa non è opzionale, ma un'esigenza della vita battesimale e un elemento indispensabile per la vita di ogni comunità. Le fatiche e fragilità dei giovani ci aiutano a essere migliori, le loro domande ci sfidano, i loro dubbi ci interpellano sulla qualità della nostra fede. Anche le loro critiche ci sono necessarie, perché non di rado attraverso di esse ascoltiamo la voce del Signore che ci chiede conversione del cuore e rinnovamento delle strutture.

Il desiderio di raggiungere tutti i giovani

117. Nel Sinodo ci siamo sempre interrogati sui giovani avendo in mente non soltanto quelli che sono parte della Chiesa e operano attivamente in essa, ma anche tutti quelli che hanno altre visioni della vita, professano altre fedi o si dichiarano estranei all'orizzonte religioso. Tutti i giovani, nessuno escluso, sono nel cuore di Dio e quindi anche nel cuore della Chiesa. Riconosciamo però francamente che non sempre questa affermazione che risuona sulle nostre labbra trova reale espressione nella nostra azione pastorale: spesso restiamo chiusi nei nostri ambienti, dove la loro voce non arriva, o ci dedichiamo ad attività meno esigenti e più gratificanti, soffocando quella sana inquietudine pastorale che ci fa uscire dalle nostre presunte sicurezze. Eppure il Vangelo ci chiede di osare e vogliamo farlo senza presunzione e senza fare proselitismo, testimoniando l'amore del Signore e tendendo la mano a tutti i giovani del mondo.

Conversione spirituale, pastorale e missionaria

118. Papa Francesco ci ricorda spesso che ciò non è possibile senza un serio cammino di conversione. Siamo consapevoli che non si tratta soltanto di dare origine a nuove attività e non vogliamo scrivere «piani apostolici espansionisti, meticolosi e ben disegnati, tipici dei generali sconfitti» (FRANCESCO, *Evangelii gaudium*, n. 96). Sappiamo che per essere credibili dobbiamo vivere una riforma della Chiesa, che implica purificazione del cuore e cambiamenti di stile. La Chiesa deve realmente lasciarsi dare forma dall'Eucaristia che celebra come culmine e fonte della sua vita: la forma di un pane composto da molte spighe e spezzato per la vita del mondo. Il frutto di questo Sinodo, la scelta che lo Spirito ci ha ispirato attraverso l'ascolto e il discernimento è di camminare con i giovani andando verso tutti per testimoniare l'amore di Dio. Possiamo descrivere questo processo parlando di sinodalità per la missione, ossia sinodalità missionaria: «La messa in atto di una Chiesa sinodale è presupposto indispensabile per un nuovo slancio missionario che coinvolga l'intero Popolo di Dio»[1]. Si tratta della profezia del Concilio Vaticano II, che non abbiamo ancora assunto in tutta la sua profondità e sviluppato nelle sue implicazioni quotidiane, a cui ci ha richiamato Papa Francesco affermando: «Il cammino della *sinodalità* è il cammino che Dio si aspetta dalla Chiesa del III millennio»

---

[1] COMMISSIONE TEOLOGICA INTERNAZIONALE, *La sinodalità nella vita e nella missione della Chiesa*, 2 marzo 2018, n. 9. Il documento illustra inoltre la natura della sinodalità in questi termini: «La dimensione sinodale della Chiesa esprime il carattere di soggetto attivo di tutti i Battezzati e insieme lo specifico ruolo del ministero episcopale in comunione collegiale e gerarchica con il Vescovo di Roma. Questa visione ecclesiologica invita a promuovere il dispiegarsi della comunione sinodale tra "tutti", "alcuni" e "uno". A diversi livelli e in diverse forme, sul piano delle Chiese particolari, su quello dei loro raggruppamenti a livello regionale e su quello della Chiesa universale, la sinodalità implica l'esercizio del *sensus fidei* della *universitas fidelium* (tutti), il ministero di guida del collegio dei Vescovi, ciascuno con il suo presbiterio (alcuni), e il ministero di unità del Vescovo e del Papa (uno). Risultano così coniugati, nella dinamica sinodale, l'aspetto comunitario che include tutto il Popolo di Dio, la dimensione collegiale relativa all'esercizio del ministero episcopale e il ministero primaziale del Vescovo di Roma. Questa correlazione promuove quella *singularis conspiratio* tra i fedeli e i Pastori che è icona della eterna *conspiratio* vissuta nella Santa Trinità» (n. 64).

(Francesco, *Discorso per la Commemorazione del 50° anniversario dell'istituzione del Sinodo dei Vescovi*, 17 ottobre 2015). Siamo convinti che tale scelta, frutto di preghiera e di confronto, consentirà alla Chiesa, per grazia di Dio, di essere e di apparire più chiaramente come la "giovinezza del mondo".

Capitolo I
La Sinodalità missionaria della Chiesa

Un dinamismo costitutivo

I giovani ci chiedono di camminare insieme

119. La Chiesa nel suo insieme, nel momento in cui in questo Sinodo ha scelto di occuparsi dei giovani, ha fatto una opzione ben precisa: considera questa missione una priorità pastorale epocale su cui investire tempo, energie e risorse. Fin dall'inizio del cammino di preparazione i giovani hanno espresso il desiderio di essere coinvolti, apprezzati e di sentirsi coprotagonisti della vita e della missione della Chiesa. In questo Sinodo abbiamo sperimentato che la corresponsabilità vissuta con i giovani cristiani è fonte di profonda gioia anche per i vescovi. Riconosciamo in questa esperienza un frutto dello Spirito che rinnova continuamente la Chiesa e la chiama a praticare la sinodalità come modo di essere e di agire, promovendo la partecipazione di tutti i battezzati e delle persone di buona volontà, ognuno secondo la sua età, stato di vita e vocazione. In questo Sinodo, abbiamo sperimentato che la collegialità che unisce i vescovi *cum*

Petro et sub Petro nella sollecitudine per il Popolo di Dio è chiamata ad articolarsi e arricchirsi attraverso la pratica della sinodalità a tutti i livelli.

Il processo sinodale continua

120. Il termine dei lavori assembleari e il documento che ne raccoglie i frutti non chiudono il processo sinodale, ma ne costituiscono una tappa. Poiché le condizioni concrete, le possibilità reali e le necessità urgenti dei giovani sono molto diverse tra Paesi e continenti, pur nella comunanza dell'unica fede, invitiamo le Conferenze Episcopali e le Chiese particolari a proseguire questo percorso, impegnandosi in processi di discernimento comunitari che includano anche coloro che non sono vescovi nelle deliberazioni, come ha fatto questo Sinodo. Lo stile di questi percorsi ecclesiali dovrebbe comprendere l'ascolto fraterno e il dialogo intergenerazionale, con lo scopo di elaborare orientamenti pastorali particolarmente attenti ai giovani emarginati e a quelli che hanno pochi o nessun contatto con le comunità ecclesiali. Auspichiamo che a questi percorsi partecipino famiglie, istituti religiosi, associazioni, movimenti e i giovani stessi, in modo che la "fiamma" di quanto abbiamo sperimentato in questi giorni si diffonda.

La forma sinodale della Chiesa

121. L'esperienza vissuta ha reso i partecipanti al Sinodo consapevoli dell'importanza di una forma sinodale della Chiesa per l'annuncio e la trasmissione della fede. La partecipazione dei giovani ha contribuito a "risvegliare" la sinodalità, che è una «dimensione costitutiva della Chiesa. [...] Come dice san Giovanni Crisostomo, "Chiesa e Sinodo sono sinonimi" – perché la Chiesa non è altro che il "camminare insieme" del Gregge di Dio sui sentieri della storia incontro a Cristo Signore» (FRANCESCO, *Discorso per la Commemorazione del 50° anniversario dell'istituzione del Sinodo dei Vescovi*, 17 ottobre 2015). La sinodalità caratterizza tanto la vita quanto la missione della Chiesa, che è il Popolo di Dio formato da giovani e anziani, uomini e donne di ogni cultura e orizzonte, e il Corpo di Cristo, in cui siamo membra gli uni degli altri, a partire da chi è messo ai margini e calpestato. Nel corso degli scambi e attraverso le testimonianze, il Sinodo ha fatto emergere alcuni tratti fondamentali di uno stile sinodale, verso il quale siamo chiamati a convertirci.

122. È nelle relazioni – con Cristo, con gli altri, nella comunità – che si trasmette la fede. Anche in vista della missione, la Chiesa è chiamata ad assumere un volto relazionale che pone al centro l'ascolto, l'accoglienza, il dialogo, il discernimento comune in un percorso che trasforma la vita di chi vi partecipa.

«Una Chiesa sinodale è una Chiesa dell'ascolto, nella consapevolezza che ascoltare "è più che sentire". È un ascolto reciproco in cui ciascuno ha qualcosa da imparare. Popolo fedele, Collegio episcopale, Vescovo di Roma: l'uno in ascolto degli altri; e tutti in ascolto dello Spirito Santo, lo "Spirito della verità" (*Gv* 14,17), per conoscere ciò che Egli "dice alle Chiese" (*Ap* 2,7)» (FRANCESCO, *Discorso per la Commemorazione del 50° anniversario dell'istituzione del Sinodo dei Vescovi*, 17 ottobre 2015). In questo modo la Chiesa si presenta "tenda del convegno" in cui è conservata l'arca dell'Alleanza (cfr. *Es* 25): una Chiesa dinamica e in movimento, che accompagna camminando, rafforzata da tanti carismi e ministeri. Così Dio si fa presente in questo mondo.

Una Chiesa partecipativa e corresponsabile

123. Un tratto caratteristico di questo stile di Chiesa è la valorizzazione dei carismi che lo Spirito dona secondo la vocazione e il ruolo di ciascuno dei suoi membri, attraverso un dinamismo di corresponsabilità. Per attivarlo si rende necessaria una conversione del cuore e una disponibilità all'ascolto reciproco, che costruisca un effettivo sentire comune. Animati da questo spirito, potremo procedere verso una Chiesa partecipativa e corresponsabile, capace di valorizzare la ricchezza della varietà di cui si compone, accogliendo con gratitudine anche l'apporto dei fedeli laici, tra cui giovani e donne, quello della vita consacrata femminile e maschile, e quello di gruppi, associazioni e movimenti. Nessuno deve essere messo o potersi mettere in disparte. È questo il modo per evitare tanto il clericalismo, che esclude molti dai processi decisionali, quanto la clericalizzazione dei laici, che li rinchiude anziché lanciarli verso l'impegno missionario nel mondo.

Il Sinodo chiede di rendere effettiva e ordinaria la partecipazione attiva dei giovani nei luoghi di corresponsabilità delle Chiese particolari, come pure negli organismi delle Conferenze Episcopali e della Chiesa universale. Chiede inoltre che si rafforzi l'attività dell'Ufficio giovani del Dicastero per i Laici, la Famiglia e la Vita anche attraverso la costituzione di un organismo di rappresentanza dei giovani a livello internazionale.

Processi di discernimento comunitario

124. L'esperienza di "camminare insieme" come Popolo di Dio aiuta a comprendere sempre meglio il senso dell'autorità in ottica di servizio. Ai pastori è richiesta la capacità di far crescere la collaborazione nella testimonianza e nella missione, e di accompagnare processi di discernimento comunitario per interpretare i segni dei tempi alla luce della fede e sotto la guida dello Spirito, con il contributo di tutti i membri della comunità, a partire da chi si trova ai margini.

Responsabili ecclesiali con queste capacità hanno bisogno di una formazione specifica alla sinodalità. Pare promettente da questo punto di vista strutturare percorsi formativi comuni tra giovani laici, giovani religiosi e seminaristi, in particolare per quanto riguarda tematiche come l'esercizio dell'autorità o il lavoro in *équipe*.

Uno stile per la missione

La comunione missionaria

125. La vita sinodale della Chiesa è essenzialmente orientata alla missione: essa è «il segno e lo strumento dell'intima unione con Dio e dell'unità di tutto il genere umano» (*Lumen gentium*, n. 1), fino al giorno in cui Dio sarà «tutto in tutti» (1*Cor* 15,28). I giovani, aperti allo Spirito, possono aiutare la Chiesa a compiere il passaggio pasquale di uscita «dall'"io" individualisticamente inteso al "noi" ecclesiale, dove ogni "io", essendo rivestito di Cristo (cfr. *Gal* 2,20), vive e cammina con i fratelli e le sorelle come soggetto responsabile e attivo nell'unica missione del Popolo di Dio» (Commissione Teologica Internazionale, *La sinodalità nella vita e nella missione della Chiesa*, 2 marzo 2018, n. 107). Lo stesso passaggio, per impulso dello Spirito e con la guida dei Pastori, deve avvenire per la comunità cristiana, chiamata a uscire dall'autoreferenzialità dell'"io" della propria autoconservazione verso il servizio alla costruzione di un “noi” inclusivo nei confronti di tutta la famiglia umana e dell’intera creazione.

Una missione in dialogo

126. Questa dinamica fondamentale ha precise conseguenze sul modo di compiere la missione insieme ai giovani, che richiede di avviare, con franchezza e senza compromessi, un dialogo con tutti gli uomini e le donne di buona volontà. Come ha affermato San Paolo VI: «La Chiesa si fa parola; la Chiesa si fa messaggio; la Chiesa si fa colloquio» (*Ecclesiam suam*, n. 67). In un mondo segnato dalla diversità dei popoli e dalla varietà delle culture, “camminare insieme” è fondamentale per dare credibilità ed efficacia alle iniziative di solidarietà, di integrazione, di promozione della giustizia, e per mostrare in che cosa consista una cultura dell’incontro e della gratuità.

Proprio i giovani, che vivono quotidianamente a contatto con i loro coetanei di altre confessioni cristiane, religioni, convinzioni e culture, stimolano l’intera comunità cristiana a vivere l’ecumenismo e il dialogo interreligioso. Ciò richiede il coraggio della *parresia* nel parlare, e quello dell’umiltà nell’ascoltare, assumendo l’ascesi – e talvolta il martirio – che questo implica.

Verso le periferie del mondo

127. La pratica del dialogo e la ricerca di soluzioni condivise rappresentano una chiara priorità in un tempo in cui i sistemi democratici sono sfidati da bassi livelli di partecipazione e da un'influenza sproporzionata di piccoli gruppi di interesse che non hanno un ampio riscontro nella popolazione, con il pericolo di derive riduzionistiche, tecnocratiche e autoritaristiche. La fedeltà al Vangelo orienterà questo dialogo alla ricerca di come dare risposta al duplice grido dei poveri e della terra (cfr. FRANCESCO, *Laudato si'*, n. 49), verso cui i giovani mostrano particolare sensibilità, inserendo nei processi sociali l'ispirazione dei principi della dottrina sociale: la dignità della persona, la destinazione universale dei beni, l'opzione preferenziale per i poveri, il primato della solidarietà, l'attenzione alla sussidiarietà, la cura della casa comune. Nessuna vocazione all'interno della Chiesa può collocarsi al di fuori di questo dinamismo comunitario di uscita e di dialogo, e per questo ogni sforzo di accompagnamento è chiamato a misurarsi con questo orizzonte, riservando un'attenzione privilegiata ai più poveri e ai più vulnerabili.

Capitolo II
Camminare insieme nel quotidiano

DALLE STRUTTURE ALLE RELAZIONI

Dalla delega al coinvolgimento

128. La sinodalità missionaria non riguarda soltanto la Chiesa a livello universale. L'esigenza di camminare insieme, dando una reale testimonianza di fraternità in una vita comunitaria rinnovata e più evidente, concerne anzitutto le singole comunità. Occorre dunque risvegliare in ogni realtà locale la consapevolezza che siamo popolo di Dio, responsabile di incarnare il Vangelo nei diversi contesti e all'interno di tutte le situazioni quotidiane. Ciò comporta di uscire dalla logica della delega che tanto condiziona l'azione pastorale.

Possiamo riferirci per esempio ai percorsi di catechesi in preparazione ai sacramenti, che costituiscono un compito che molte famiglie demandano del tutto alla parrocchia. Questa mentalità ha come conseguenza che i ragazzi rischiano di intendere la fede non come una realtà che illumina la vita quotidiana, ma come un insieme di nozioni e regole che appartengono a un ambito separato dalla loro esistenza. È necessario invece camminare insieme: la parrocchia ha bisogno della famiglia per far sperimentare ai giovani il realismo quotidiano della fede; la famiglia viceversa ha bisogno del ministero dei catechisti e della struttura parrocchiale per offrire ai figli una visione più organica del cristianesimo, per introdurli nella comunità e aprirli ad orizzonti più ampi. Non basta dunque avere delle strutture, se in esse non si sviluppano relazioni autentiche; è la qualità di tali relazioni, infatti, che evangelizza.

Il rinnovamento della parrocchia

129. La parrocchia è necessariamente coinvolta in questo processo, per assumere la forma di una comunità più generativa, un ambiente da cui si irradia la missione verso gli ultimi. In questo particolare frangente storico emergono diversi segnali che testimoniano che essa, in vari casi, non riesce a corrispondere alle esigenze spirituali degli uomini del nostro tempo, soprattutto a causa di alcuni fattori, che hanno modificato a fondo gli stili di vita delle persone. Viviamo infatti in una cultura "senza confini", segnata da una nuova relazione spazio-temporale anche a motivo della comunicazione digitale, e caratterizzata da una continua mobilità. In tale contesto, una visione dell'azione parrocchiale delimitata dai soli confini territoriali e incapace di intercettare con proposte diversificate i fedeli, e in particolare i giovani, imprigionerebbe la parrocchia in un immobilismo inaccettabile e in una preoccupante ripetitività pastorale. Occorre dunque un ripensamento pastorale della parrocchia, in una logica di corresponsabilità ecclesiale e di slancio missionario, sviluppando sinergie sul territorio. Solo così essa potrà apparire un ambiente significativo che intercetta la vita dei giovani.

Strutture aperte e decifrabili

130. Nella stessa direzione di una maggiore apertura e condivisione è importante che le singole comunità si interroghino per verificare se gli stili di vita e l'uso delle strutture trasmettono ai giovani una testimonianza leggibile del Vangelo. La vita privata di molti sacerdoti, suore, religiosi, vescovi è senza dubbio sobria e impegnata per la gente; ma è quasi invisibile ai più, soprattutto ai giovani. Molti di loro trovano che il nostro mondo ecclesiale è complesso da decifrare; sono trattenuti a distanza dai ruoli che rivestiamo e dagli stereotipi che li accompagnano. Facciamo in modo che la nostra vita ordinaria, in tutte le sue espressioni, sia più accessibile. La vicinanza effettiva, la condivisione di spazi e di attività creano le condizioni per una comunicazione autentica, libera da pregiudizi. È in questo modo che Gesù ha portato l'annuncio del Regno ed è su questa via che ci spinge anche oggi il suo Spirito.

Un mosaico di volti

131. Una Chiesa sinodale e missionaria si manifesta attraverso comunità locali abitate da molti volti. Fin dall'inizio la Chiesa non ha avuto una forma rigida e omologante, ma si è sviluppata come un poliedro di persone con sensibilità, provenienze e culture diverse. Proprio in questo modo essa ha mostrato di portare nei vasi di creta della fragilità umana il tesoro incomparabile della vita trinitaria. L'armonia che è dono dello Spirito non abolisce le differenze, ma le accorda generando una ricchezza sinfonica. Questo incontro nell'unica fede tra persone diverse costituisce la condizione fondamentale per il rinnovamento pastorale delle nostre comunità. Esso incide sull'annuncio, sulla celebrazione e sul servizio, ossia sugli ambiti fondamentali della pastorale ordinaria. La sapienza popolare dice che "per educare un bambino ci vuole un villaggio": questo principio oggi vale per tutti gli ambiti della pastorale.

La comunità nel territorio

132. L'effettiva realizzazione di una comunità dai molti volti incide anche sull'inserimento nel territorio, sull'apertura al tessuto sociale e sull'incontro con le istituzioni civili. Solo una comunità unita e plurale sa proporsi in modo aperto e portare la luce del Van-

gelo negli ambiti della vita sociale che oggi ci sfidano: la questione ecologica, il lavoro, il sostegno alla famiglia, l'emarginazione, il rinnovamento della politica, il pluralismo culturale e religioso, il cammino per la giustizia e per la pace, l'ambiente digitale. Ciò sta già avvenendo nelle associazioni e nei movimenti ecclesiali. I giovani ci chiedono di non affrontare queste sfide da soli e di dialogare con tutti, non per ritagliare una fetta di potere, ma per contribuire al bene comune.

Kerygma e catechesi

133. L'annuncio di Gesù Cristo, morto e risorto, che ci ha rivelato il Padre e donato lo Spirito, è vocazione fondamentale della comunità cristiana. Fa parte di questo annuncio l'invito ai giovani a riconoscere nella loro vita i segni dell'amore di Dio e a scoprire la comunità come luogo di incontro con Cristo. Tale annuncio costituisce il fondamento, sempre da ravvivare, della catechesi dei giovani e le conferisce una qualità kerigmatica (cfr. FRANCESCO, *Evangelii gaudium*, n. 164). Va tenuto vivo l'impegno a offrire itinerari continuativi e organici che sappiano integrare: una conoscenza viva di Gesù Cristo e del suo Vangelo, la capacità di leggere nella fede la propria esperienza e gli eventi della storia, un accompagnamento alla preghiera e alla celebrazione della liturgia, l'introduzione alla *Lectio divina* e il sostegno alla testimonianza della

carità e alla promozione della giustizia, proponendo così un'autentica spiritualità giovanile.

Gli itinerari catechistici mostrino l'intima connessione della fede con l'esperienza concreta di ogni giorno, con il mondo dei sentimenti e dei legami, con le gioie e le delusioni che si sperimentano nello studio e nel lavoro; sappiano integrare la dottrina sociale della Chiesa; siano aperti ai linguaggi della bellezza, della musica e delle diverse espressioni artistiche, e alle forme della comunicazione digitale. Le dimensioni della corporeità, dell'affettività e della sessualità vanno tenute bene in conto, giacché c'è un intreccio profondo tra educazione alla fede e educazione all'amore. La fede, insomma, va compresa come una pratica, ossia come una forma di abitare il mondo.

È urgente che nella catechesi dei giovani si rinnovi l'impegno per i linguaggi e le metodologie, senza mai perdere di vista l'essenziale, cioè l'incontro con Cristo, che è il cuore della catechesi. Hanno ottenuto apprezzamento *YouCat*, *DoCat* e strumenti simili, senza tralasciare i catechismi prodotti dalle varie Conferenze episcopali. Si rende necessario anche un rinnovato impegno per i catechisti, che spesso sono giovani a servizio di altri giovani, quasi loro coetanei. È importante curare adeguatamente la loro formazione e fare in modo che il loro ministero sia maggiormente riconosciuto dalla comunità.

La centralità della liturgia

134. La celebrazione eucaristica è generativa della vita della comunità e della sinodalità della Chiesa. Essa è luogo di trasmissione della fede e di formazione alla missione, in cui si rende evidente che la comunità vive di grazia e non dell'opera delle proprie mani. Con le parole della tradizione orientale possiamo affermare che la liturgia è incontro con il Divino Servitore che fascia le nostre ferite e prepara per noi il banchetto pasquale, inviandoci a fare lo stesso con i nostri fratelli e sorelle. Va dunque riaffermato con chiarezza che l'impegno a celebrare con nobile semplicità e con il coinvolgimento dei diversi ministeri laicali, costituisce un momento essenziale della conversione missionaria della Chiesa. I giovani hanno mostrato di saper apprezzare e vivere con intensità celebrazioni autentiche in cui la bellezza dei segni, la cura della predicazione e il coinvolgimento comunitario parlano realmente di Dio. Bisogna dunque favorire la loro partecipazione attiva, ma tenendo vivo lo stupore per il Mistero; venire incontro alla loro sensibilità musicale e artistica, ma aiutarli a comprendere che la liturgia non è puramente espressione di sé, ma azione di Cristo e della Chiesa. Ugualmente importante è accompagnare i giovani a scoprire il valore dell'adorazione eucaristica come prolungamento della celebrazione, in cui vivere la contemplazione e la preghiera silenziosa.

135. Grande importanza, nei percorsi di fede, ha anche la pratica del sacramento della Riconciliazione. I giovani hanno bisogno di sentirsi amati, perdonati, riconciliati e hanno una segreta nostalgia dell'abbraccio misericordioso del Padre. Per questo è fondamentale che i presbiteri offrano una generosa disponibilità per la celebrazione di questo sacramento. Le celebrazioni penitenziali comunitarie aiutano i giovani ad accostarsi alla confessione individuale e rendono più esplicita la dimensione ecclesiale del sacramento.

136. In molti contesti la pietà popolare svolge un ruolo importante di accesso dei giovani alla vita di fede in modo pratico, sensibile e immediato. Valorizzando il linguaggio del corpo e la partecipazione affettiva, la pietà popolare porta con sé il desiderio di entrare in contatto con il Dio che salva, spesso attraverso la mediazione della Madre di Dio e dei santi.

Il pellegrinaggio è per i giovani un'esperienza di cammino che diviene metafora della vita e della Chiesa: contemplando la bellezza del creato e dell'arte, vivendo la fraternità e unendosi al Signore nella preghiera si ripropongono così le migliori condizioni del discernimento.

La generosità della diakonia

137. I giovani possono contribuire a rinnovare lo stile delle comunità parrocchiali e a costruire una comunità fraterna e prossima ai poveri. I poveri, i giovani scartati, quelli più sofferenti, possono diventare il principio di rinnovamento della comunità. Essi vanno riconosciuti come soggetti dell'evangelizzazione e ci aiutano a liberarci dalla mondanità spirituale. Spesso i giovani sono sensibili alla dimensione della *diakonia*. Molti sono impegnati attivamente nel volontariato e trovano nel servizio la via per incontrare il Signore. La dedizione agli ultimi diventa così realmente una pratica della fede, in cui si apprende quell'amore "in perdita" che si trova al centro del Vangelo e che è a fondamento di tutta la vita cristiana. I poveri, i piccoli, i malati, gli anziani sono la carne di Cristo sofferente: per questo mettersi a loro servizio è un modo per incontrare il Signore e uno spazio privilegiato per il discernimento della propria chiamata. Un'apertura particolare è richiesta, in diversi contesti, ai migranti e ai rifugiati. Con loro bisogna operare per l'accoglienza, la protezione, la promozione e l'integrazione. L'inclusione sociale dei poveri fa della Chiesa la casa della carità.

Pastorale giovanile in chiave vocazionale

La Chiesa, una casa per i giovani

138. Solo una pastorale capace di rinnovarsi a partire dalla cura delle relazioni e dalla qualità della comunità cristiana sarà significativa e attraente per i giovani. La Chiesa potrà così presentarsi a loro come una casa che accoglie, caratterizzata da un clima di famiglia fatto di fiducia e confidenza. L'anelito alla fraternità, tante volte emerso dall'ascolto sinodale dei giovani, chiede alla Chiesa di essere «madre per tutti e casa per molti» (FRANCESCO, *Evangelii gaudium*, n. 287): la pastorale ha il compito di realizzare nella storia la maternità universale della Chiesa attraverso gesti concreti e profetici di accoglienza gioiosa e quotidiana che ne fanno una casa per i giovani.

L'animazione vocazionale della pastorale

139. La vocazione è il fulcro intorno a cui si integrano tutte le dimensioni della persona. Tale principio non riguarda solamente il singolo credente, ma anche la pastorale nel suo insieme. È quindi molto importante chiarire che solo nella dimensione vocazionale tutta la pastorale può trovare un principio unificante, perché in essa trova la sua origine e il suo compimento. Nei cammini di conversione pastorale in atto non si chiede quindi di rafforzare la pastorale vocazionale in quanto settore separato e indipendente, ma di animare l'intera pastorale della Chiesa presentando con efficacia la molteplicità delle vocazioni. Il fine della pastorale è infatti aiutare tutti e ciascuno, attraverso un cammino di discernimento, a giungere alla «misura della pienezza di Cristo» (*Ef* 4,13).

Una pastorale vocazionale per i giovani

140. Fin dall'inizio del cammino sinodale è emersa con forza la necessità di qualificare vocazionalmente la pastorale giovanile. In tal modo emergono le due caratteristiche indispensabili di una pastorale destinata alle giovani generazioni: è "giovanile", perché i suoi destinatari si trovano in quella singolare e irripetibile età della vita che è la giovinezza; è "vocazionale", perché la giovinezza è la stagione privilegiata delle scelte di vita e della risposta alla chiamata di Dio. La "vocazionalità" della pastorale giovanile non va intesa in modo esclusivo, ma intensivo. Dio chiama a tutte le età della vita – dal grembo materno fino alla vecchiaia –, ma la giovinezza è il momento privilegiato dell'ascolto, della disponibilità e dell'accoglienza della volontà di Dio.

Il Sinodo avanza la proposta che a livello di Conferenza Episcopale Nazionale si predisponga un "Direttorio di pastorale giovanile" in chiave vocazionale che possa aiutare i responsabili diocesani e gli operatori locali a qualificare la loro formazione e azione con e per i giovani.

Dalla frammentazione all'integrazione

141. Pur riconoscendo che la progettazione per settori pastorali è necessaria per evitare l'improvvisazione, in varie occasioni i Padri sinodali hanno comunicato il loro disagio per una certa frammentazione della pastorale della Chiesa. In particolare si sono riferiti alle varie pastorali che riguardano i giovani: pastorale giovanile, familiare, vocazionale, scolastica e universitaria, sociale, culturale, caritativa, del tempo libero, ecc. La moltiplicazione di uffici molto specializzati, ma a volte separati, non giova alla significatività della proposta cristiana. In un mondo frammentato che produce dispersione e moltiplica le appartenenze, i giovani hanno bisogno di essere aiutati a unificare la vita, leggendo in profondità le esperienze quotidiane e facendo discernimento. Se questa è la priorità, è necessario sviluppare maggiore coordinamento e integrazione tra i diversi ambiti, passando da un lavoro per "uffici" a un lavoro per "progetti".

Il rapporto fruttuoso tra eventi e vita quotidiana

142. Durante il Sinodo in molte occasioni si è parlato della Giornata Mondiale della Gioventù e anche di tanti altri eventi che si svolgono a livello continentale, nazionale e diocesano, insieme a quelli organizzati da associazioni, movimenti, congregazioni religiose e da altri soggetti ecclesiali. Tali momenti di incontro e di condivisione sono apprezzati pressoché ovunque perché offrono la possibilità di camminare nella logica del pellegrinaggio, di sperimentare la fraternità con tutti, di condividere gioiosamente la fede e di crescere nell'appartenenza alla Chiesa. Per tanti giovani sono stati un'esperienza di trasfigurazione, in cui hanno sperimentato la bellezza del volto del Signore e fatto scelte di vita importanti. I frutti migliori di queste esperienze si raccolgono nella vita quotidiana. Diviene quindi importante progettare e realizzare queste convocazioni come tappe significative di un processo virtuoso più ampio.

Centri giovanili

143. Spazi specifici dedicati dalla comunità cristiana ai giovani, come gli oratori e i centri giovanili e altre strutture simili manifestano la passione educativa della Chiesa. Essi si declinano in molti modi, ma rimangono ambiti privilegiati in cui la Chiesa si fa casa accogliente per adolescenti e giovani, che possono scoprire i loro talenti e metterli a disposizone nel servizio. Essi trasmettono un patrimonio educativo molto ricco, da condividere su larga scala, a sostegno delle famiglie e della stessa società civile.

Nel dinamismo di una Chiesa in uscita è però necessario pensare a un rinnovamento creativo e flessibile di queste realtà, passando dall'idea di centri statici, dove i giovani possano venire, all'idea di soggetti pastorali in movimento con e verso i giovani, capaci cioè di incontrarli nei loro luoghi di vita ordinari – la scuola e l'ambiente digitale, le periferie esistenziali, il mondo rurale e quello del lavoro, l'espressione musicale e artistica, ecc. – generando un nuovo tipo di apostolato più dinamico e attivo.

Capitolo III
Un rinnovato slancio missionario

Alcune sfide urgenti

144. La sinodalità è il metodo con cui la Chiesa può affrontare antiche e nuove sfide, potendo raccogliere e far dialogare i doni di tutti i suoi membri, a partire dai giovani. Grazie ai lavori del Sinodo, nella Prima parte di questo *Documento* abbiamo delineato alcuni ambiti in cui è urgente lanciare o rinnovare lo slancio della Chiesa nel realizzare la missione che Cristo le ha affidato, che qui cerchiamo di affrontare in maniera più concreta.

La missione nell'ambiente digitale

145. L'ambiente digitale rappresenta per la Chiesa una sfida su molteplici livelli; è imprescindibile quindi approfondire la conoscenza delle sue dinamiche e la sua portata dal punto di vista antropologico ed etico. Esso richiede non solo di abitarlo e di promuovere le sue potenzialità comunicative in vista dell'annuncio cristiano, ma anche di impregnare di Vangelo le sue culture e le sue dinamiche. Alcune esperienze in questo senso sono già in corso e vanno incoraggiate, approfondite, condivise. La priorità che molti assegnano all'immagine come veicolo comunicativo non potrà non interrogare le modalità di trasmissione di una fede che si basa sull'ascolto della Parola di Dio e sulla lettura della Sacra Scrittura. I giovani cristiani, nativi digitali come i loro coetanei, trovano qui una autentica missione, in cui alcuni sono già impegnati. Sono peraltro gli stessi giovani a chiedere di essere accompagnati in un discernimento sulle modalità mature di vita in un ambiente oggi fortemente digitalizzato che permetta di cogliere le opportunità scongiurando i rischi.

146. Il Sinodo auspica che nella Chiesa si istituiscano ai livelli adeguati appositi Uffici o organismi per la cultura e l'evangelizzazione digitale, che, con l'imprescindibile contributo di giovani, promuovano l'azione e la riflessione ecclesiale in questo ambiente. Tra le loro funzioni, oltre a favorire lo scambio e la diffusione di buone pratiche a livello personale e comunitario, e a sviluppare strumenti adeguati di educazione digitale e di evangelizzazione, potrebbero anche gestire sistemi di certificazione dei siti cattolici, per contrastare la diffusione di *fake news* riguardanti la Chiesa, o cercare le strade per persuadere le autorità pubbliche a promuovere politiche e strumenti sempre più stringenti per la protezione dei minori sul *web*.

Migranti: abbattere muri e costruire ponti

147. Molti tra i migranti sono giovani. La diffusione universale della Chiesa le offre la grande opportunità di far dialogare le comunità da cui essi partono e quelle in cui essi arrivano, contribuendo a superare paure e diffidenze, e a rinforzare i legami che le migrazioni rischiano di spezzare. "Accogliere, proteggere, promuovere e integrare", i quattro verbi con cui Papa Francesco sintetizza le linee di azione in favore dei migranti, sono verbi sinodali. Metterli in atto richiede l'azione della Chiesa a tutti i livelli e coinvolge tutti i membri delle comunità cristiane. Dal canto loro, i migranti, opportunamente accompagnati, potranno offrire risorse spirituali, pastorali e missionarie alle comunità che li accolgono. Di particolare importanza è l'impegno culturale e politico, da portare avanti anche attraverso apposite strutture, per lottare contro la diffusione della xenofobia, del razzismo e del rifiuto dei migranti. Le risorse della Chiesa cattolica sono un elemento vitale nella lotta al traffico di esseri umani, come risulta chiaro nell'opera di molte religiose. Il ruolo del *Santa Marta Group*, che unisce i responsabili religiosi e delle forze dell'ordine, è cruciale e rappresenta una buona pratica a cui ispirarsi. Non vanno tralasciati l'impegno per garantire il diritto effettivo di rimanere nel proprio Paese per le persone che non vorrebbero migrare ma sono costrette a farlo e il sostegno alle co-

munità cristiane che le migrazioni minacciano di svuotare.

Le donne nella Chiesa sinodale

148. Una Chiesa che cerca di vivere uno stile sinodale non potrà fare a meno di riflettere sulla condizione e sul ruolo delle donne al proprio interno, e di conseguenza anche nella società. I giovani e le giovani lo chiedono con grande forza. Le riflessioni sviluppate richiedono di trovare attuazione attraverso un'opera di coraggiosa conversione culturale e di cambiamento nella pratica pastorale quotidiana. Un ambito di particolare importanza a questo riguardo è quello della presenza femminile negli organi ecclesiali a tutti i livelli, anche in funzioni di responsabilità, e della partecipazione femminile ai processi decisionali ecclesiali nel rispetto del ruolo del ministero ordinato. Si tratta di un dovere di giustizia, che trova ispirazione tanto nel modo in cui Gesù si è relazionato con uomini e donne del suo tempo, quanto nell'importanza del ruolo di alcune figure femminili nella Bibbia, nella storia della salvezza e nella vita della Chiesa.

Sessualità: una parola chiara, libera, autentica

149. Nell'attuale contesto culturale la Chiesa fatica a trasmettere la bellezza della visione cristiana della corporeità e della sessualità, così come emerge dalla Sacra Scrittura, dalla Tradizione e dal Magistero degli ultimi Papi. Appare quindi urgente una ricerca di modalità più adeguate, che si traducano concretamente nell'elaborazione di cammini formativi rinnovati. Occorre proporre ai giovani un'antropologia dell'affettività e della sessualità capace anche di dare il giusto valore alla castità, mostrandone con saggezza pedagogica il significato più autentico per la crescita della persona, in tutti gli stati di vita. Si tratta di puntare sull'ascolto empatico, l'accompagnamento e il discernimento, sulla linea indicata dal recente Magistero. Per questo occorre curare la formazione di operatori pastorali che risultino credibili, a partire dalla maturazione delle proprie dimensioni affettive e sessuali.

150. Esistono questioni relative al corpo, all'affettività e alla sessualità che hanno bisogno di una più approfondita elaborazione antropologica, teologica e pastorale, da realizzare nelle modalità e ai livelli più convenienti, da quelli locali a quello universale. Tra queste emergono in particolare quelle relative alla differenza e armonia tra identità maschile e femminile e alle inclinazioni sessuali. A questo riguardo il Sinodo ribadisce che Dio ama ogni persona e così fa la Chiesa, rinnovando il suo impegno contro ogni discriminazione e violenza su base sessuale. Ugualmente riafferma la determinante rilevanza antropologica della differenza e reciprocità tra l'uomo e la donna e ritiene riduttivo definire l'identità delle persone a partire unicamente dal loro «orientamento sessuale» (CONGREGAZIONE PER LA DOTTRINA DELLA FEDE, *Lettera ai Vescovi della Chiesa Cattolica sulla cura pastorale delle persone omosessuali*, 1 ottobre 1986, n. 16).

Esistono già in molte comunità cristiane cammini di accompagnamento nella fede di persone omosessuali: il Sinodo raccomanda di favorire tali percorsi. In questi cammini le persone sono aiutate a leggere la propria storia; ad aderire con libertà e responsabilità alla propria chiamata battesimale; a riconoscere il desiderio di appartenere e contribuire alla vita della comunità; a discernere le migliori forme per realizzarlo. In questo modo si aiuta ogni giovane, nessuno escluso, a integrare sempre più la dimensione sessuale nella propria personalità, crescendo nella qualità delle relazioni e camminando verso il dono di sé.

Economia, politica, lavoro, casa comune

151. La Chiesa si impegna nella promozione di una vita sociale, economica e politica nel segno della giustizia, della solidarietà e della pace, come anche i giovani chiedono con forza. Questo richiede il coraggio di farsi voce di chi non ha voce presso i *leader* mondiali, denunciando corruzione, guerre, commercio di armi, narcotraffico e sfruttamento delle risorse naturali e invitando alla conversione coloro che ne sono responsabili. In una prospettiva integrale, ciò non può essere separato dall'impegno per l'inclusione dei più fragili, costruendo percorsi che permettano loro non solo di trovare risposta ai propri bisogni, ma anche di recare il proprio contributo alla costruzione della società.

152. Consapevole che «il lavoro costituisce una dimensione fondamentale dell'esistenza dell'uomo sulla terra» (SAN GIOVANNI PAOLO II, *Laborem exercens*, n. 4) e che la sua mancanza è umiliante per molti giovani, il Sinodo raccomanda alle Chiese locali di favorire e accompagnare l'inserimento dei giovani in questo mondo, anche attraverso il sostegno di iniziative di imprenditoria giovanile. Esperienze in questo senso sono diffuse in molte Chiese locali e vanno sostenute e potenziate.

153. La promozione della giustizia interpella anche la gestione dei beni della Chiesa. I giovani si sentono a casa in una Chiesa dove l'economia e la finanza sono vissute nella trasparenza e nella coerenza. Scelte coraggiose nella prospettiva della sostenibilità, come indicato dall'enciclica *Laudato si'*, sono necessarie, in quanto il mancato rispetto dell'ambiente genera nuove povertà, di cui i giovani sono le prime vittime. I sistemi si cambiano anche mostrando che è possibile un modo diverso di vivere la dimensione economica e finanziaria. I giovani spronano la Chiesa a essere profetica in questo campo, con le parole ma soprattutto attraverso scelte che mostrino che un'economia amica della persona e dell'ambiente è possibile. Insieme a loro possiamo farlo.

154. Rispetto alle questioni ecologiche, sarà importante offrire linee guida per la concreta attuazione della *Laudato si'* nelle pratiche ecclesiali. Numerosi interventi hanno sottolineato l'importanza di offrire ai giovani una formazione all'impegno sociopolitico e la risorsa che la dottrina sociale della Chiesa rappresenta a questo riguardo. I giovani impegnati in politica vanno sostenuti e incoraggiati a operare per un reale cambiamento delle strutture sociali ingiuste.

Nei contesti interculturali e interreligiosi

155. Il pluralismo culturale e religioso è una realtà crescente nella vita sociale dei giovani. I giovani cristiani offrono una bella testimonianza del Vangelo quando vivono la loro fede in un modo che trasforma la loro vita e le loro azioni quotidiane. Sono chiamati ad aprirsi ai giovani di altre tradizioni religiose e spirituali, a mantenere con loro rapporti autentici che favoriscano la conoscenza reciproca e guariscano dai pregiudizi e dagli stereotipi. Essi sono così i pionieri di una nuova forma di dialogo interreligioso e interculturale, che contribuisce a liberare le nostre società dall'esclusione, dall'estremismo, dal fondamentalismo e anche dalla manipolazione della religione a fini settari o populisti. Testimoni del Vangelo, questi giovani con i loro coetanei diventano promotori di una

cittadinanza inclusiva della diversità e di un impegno religioso socialmente responsabile e costruttivo del legame sociale e della pace.

Recentemente, proprio su proposta dei giovani, sono state lanciate iniziative per offrire l'opportunità di sperimentare la convivenza tra appartenenti a religioni e culture diverse, perché tutti in un clima di convivialità e nel rispetto delle rispettive fedi siano attori di un impegno comune e condiviso nella società.

I giovani per il dialogo ecumenico

156. Per quanto riguarda il cammino di riconciliazione tra tutti i cristiani, il Sinodo è riconoscente per il desiderio di molti giovani di far crescere l'unità tra le comunità cristiane separate. Impegnandosi in questa linea, assai spesso i giovani approfondiscono le radici della propria fede e sperimentano una reale apertura verso quanto gli altri possono donare. Intuiscono che Cristo già ci unisce, anche se alcune differenze permangono. Come ha affermato papa Francesco in occasione della visita al Patriarca Bartolomeo nel 2014, sono i giovani «che oggi ci sollecitano a fare passi in avanti verso la piena comunione. E ciò non perché essi ignorino il significato delle differenze che ancora ci separano, ma perché sanno vedere oltre, sono capaci di cogliere l'essenziale che già ci unisce» (*Intervento in occasione della Divina Liturgia, Chiesa Patriarcale di San Giorgio*, Istanbul, 30 novembre 2014).

Capitolo IV
Formazione integrale

Concretezza, complessità e integralità

157. La condizione attuale è caratterizzata da una crescente complessità dei fenomeni sociali e dell'esperienza individuale. Nella concretezza della vita i cambiamenti in atto si influenzano reciprocamente e non possono essere affrontati con uno sguardo selettivo. Nel reale tutto è connesso: la vita familiare e l'impegno professionale, l'utilizzo delle tecnologie e il modo di sperimentare la comunità, la difesa dell'embrione e quella del migrante. La concretezza ci parla di una visione antropologica della persona come totalità e di un modo di conoscere che non separa ma coglie i nessi, apprende dall'esperienza rileggendola alla luce della Parola, si lascia ispirare dalle testimonianze esemplari più che dai modelli astratti. Ciò richiede un nuovo approccio formativo, che punti all'integrazione delle prospettive, renda capaci di cogliere l'intreccio dei problemi e sappia unificare le diverse dimensioni della persona. Questo approccio è in profonda sintonia con la visione cristiana che contempla nell'incarnazione del Figlio l'incontro inseparabile del divino e dell'umano, della terra e del cielo.

Educazione, scuola e università

158. Vi è stata durante il Sinodo una particolare insistenza sul compito decisivo e insostituibile della formazione professionale, della scuola e dell'università, anche perché si tratta dei luoghi in cui la maggior parte dei giovani passa molto del proprio tempo. In alcune parti del mondo l'educazione di base è la prima e più importante domanda che i giovani rivolgono alla Chiesa. Per la comunità cristiana è importante dunque esprimere una presenza significativa in questi ambienti con docenti qualificati, cappellanie significative e un impegno culturale adeguato.

Una riflessione particolare meritano le istituzioni educative cattoliche, che esprimono la sollecitudine della Chiesa per la formazione integrale dei giovani. Si tratta di spazi preziosi per l'incontro del Vangelo con la cultura di un popolo e per lo sviluppo della ricerca. Esse sono chiamate a proporre un modello di formazione che sia capace di far dialogare la fede con le domande del mondo contemporaneo, con le diverse prospettive antropologiche, con le sfide della scienza e della tecnica, con i cambiamenti del costume sociale e con l'impegno per la giustizia.

Un'attenzione particolare va riservata in questi ambienti alla promozione della creatività giovanile nei campi della scienza e dell'arte, della poesia e della letteratura, della musica e dello sport, del digitale e dei media, ecc. In tal modo i giovani potranno scoprire i loro talenti e metterli poi a disposizione della società per il bene di tutti.

Preparare nuovi formatori

159. La recente Costituzione Apostolica *Veritatis gaudium* sulle università e le facoltà ecclesiastiche ha proposto alcuni criteri fondamentali per un progetto formativo che risulti all'altezza delle sfide del presente: la contemplazione spirituale, intellettuale ed esistenziale del kerygma, il dialogo a tutto campo, la transdisciplinarità esercitata con sapienza e creatività e la necessità urgente di "fare rete" (cfr. *Veritatis gaudium*, n. 4, d). Tali principi possono ispirare tutti gli ambiti educativi e formativi; la loro assunzione andrà anzitutto a vantaggio della formazione dei nuovi educatori, aiutandoli ad aprirsi a una visione sapienziale e capace di integrare esperienza e verità. Un compito fondamentale giocano a livello mondiale le Università Pontificie e a livello continentale e nazionale le Università Cattoliche e i centri di studio. La verifica periodica, la qualificazione esigente e il rinnovamento costante di queste istituzioni è un grande investimento strategico per il bene dei giovani e della Chiesa intera.

Formare discepoli missionari

160. Il cammino sinodale ha insistito sul desiderio crescente di dare spazio e corpo al protagonismo giovanile. È evidente che l'apostolato dei giovani verso altri giovani non può essere improvvisato, ma deve essere frutto di un cammino formativo serio e adeguato: come accompagnare questo processo? Come offrire migliori strumenti ai giovani affinché siano autentici testimoni del Vangelo? Questa domanda coincide anche con il desiderio di molti giovani di conoscere meglio la propria fede: scoprirne le radici bibliche, cogliere lo sviluppo storico della dottrina, il senso dei dogmi, la ricchezza della liturgia. Ciò rende possibile ai giovani riflettere sulle questioni attuali in cui la fede viene messa alla prova, per saper rendere ragione della speranza che è in loro (cfr. 1*Pt* 3,15).

Per questo il Sinodo propone la valorizzazione delle esperienze di missione giovanile attraverso l'istituzione di centri di formazione per l'evangelizzazione destinati ai giovani e alle giovani coppie attraverso un'esperienza integrale che si concluderà con l'invio in missione. Vi sono già iniziative di questo tipo in vari territori, ma si chiede a ogni Conferenza Episcopale di studiarne la fattibilità nel proprio contesto.

Un tempo per accompagnare al discernimento

161. Molte volte è risuonato nell'aula sinodale un accorato appello a investire con generosità per i giovani passione educativa, tempo prolungato e anche risorse economiche. Raccogliendo vari contributi e desideri emersi durante il confronto sinodale, insieme all'ascolto di esperienze qualificate già in atto, il Sinodo propone con convinzione a tutte le Chiese particolari, alle congregazioni religiose, ai movimenti, alle associazioni e ad altri soggetti ecclesiali di offrire ai giovani un'esperienza di accompagnamento in vista del discernimento. Tale esperienza – la cui durata va fissata secondo i contesti e le opportunità – si può qualificare come *un tempo destinato alla maturazione della vita cristiana adulta*. Dovrebbe prevedere un distacco prolungato dagli ambienti e dalle relazioni abituali, ed essere costruita intorno ad almeno tre cardini indispensabili: un'esperienza di vita fraterna condivisa con educatori adulti che sia essenziale, sobria e rispettosa della casa comune; una proposta apostolica forte e significativa da vivere insieme; un'offerta di spiritualità radicata nella preghiera e nella vita sacramentale. In questo modo vi sono tutti gli ingredienti necessari perché la Chiesa possa offrire ai giovani che lo vorranno una profonda esperienza di discernimento vocazionale.

Accompagnamento al matrimonio

162. Va ribadita l'importanza di accompagnare le coppie lungo il cammino di preparazione al matrimonio, tenendo conto che ci sono diversi modi legittimi di organizzare tali itinerari. Come afferma *Amoris lae-*

titia al n. 207, «non si tratta di dare loro tutto il Catechismo, né di saturarli con troppi argomenti. [...] Si tratta di una sorta di "iniziazione" al sacramento del matrimonio che fornisca loro gli elementi necessari per poterlo ricevere con le migliori disposizioni e iniziare con una certa solidità la vita familiare». È importante proseguire l'accompagnamento delle giovani famiglie, soprattutto nei primi anni di matrimonio, aiutandole anche a farsi parte attiva della comunità cristiana.

La formazione dei seminaristi e di consacrati/e

163. Il compito specifico della formazione integrale dei candidati al ministero ordinato e alla vita consacrata maschile e femminile rimane una sfida importante per la Chiesa. Si richiama anche l'importanza di una solida formazione culturale e teologica per consacrate e consacrati. Per quanto riguarda i seminari, il primo compito è ovviamente l'assunzione e la traduzione operativa della nuova *Ratio fundamentalis institutionis sacerdotalis*. Durante il Sinodo sono emerse alcune sottolineature importanti, che conviene menzionare.

In primo luogo la scelta dei formatori: non basta che siano culturalmente preparati, occorre che siano capaci di relazioni fraterne, di un ascolto empatico e di profonda libertà interiore. In secondo luogo, per un accompagnamento adeguato sarà necessario un serio e competente lavoro in *équipe* educative differenziate, che includano figure femminili. La costituzione di queste *équipe* formative in cui interagiscono vocazioni diverse è una piccola ma preziosa forma di sinodalità, che incide sulla mentalità dei giovani nella formazione iniziale. In terzo luogo, la formazione deve puntare a sviluppare nei futuri pastori e consacrati la capacità di esercitare il loro ruolo di guida in modo autorevole e non autoritario, educando i giovani candidati a donarsi per la comunità. Particolare attenzione va prestata ad alcuni criteri formativi quali: il superamento di tendenze al clericalismo, la capacità di lavoro in *équipe*, la sensibilità per i poveri, la trasparenza di vita, la disponibilità a lasciarsi accompagnare. In quarto luogo è decisiva la serietà del discernimento iniziale, perché troppe volte i giovani che si presentano ai seminari o alle case di formazione vengono accolti senza una conoscenza adeguata e una rilettura approfondita della loro storia. La questione diventa particolarmente delicata nel caso di "seminaristi vaganti": l'instabilità relazionale e affettiva, e la mancanza di radicamento ecclesiali sono segnali pericolosi. Trascurare la normativa ecclesiale a questo riguardo costituisce un comportamento irresponsabile, che può avere conseguenze molto gravi per la comunità cristiana. Un quinto punto riguarda la consistenza numerica delle comunità di formazione: in quelle troppo grandi si corre il rischio della spersonalizzazione del percorso e di una conoscenza non adeguata dei giovani in cammino, mentre quelle troppo piccole rischiano di essere soffocanti e sottomesse a logiche di dipendenza; in questi casi la soluzione migliore è costituire seminari interdiocesani o case di formazione condivise tra più province religiose, con progetti formativi chiari e responsabilità ben definite.

164. Il Sinodo formula tre proposte per favorire il rinnovamento.

La prima riguarda la formazione congiunta di laici, consacrati e sacerdoti. È importante tenere in contatto permanente i giovani e le giovani in formazione con la vita quotidiana delle famiglie e delle comunità, con particolare attenzione alla presenza di figure femminili e di coppie cristiane, così che la formazione sia radicata nella concretezza della vita e caratterizzata da un tratto relazionale capace di interagire con il contesto sociale e culturale.

La seconda proposta implica l'inserimento nel curriculum di preparazione al ministero ordinato e alla vita consacrata di una preparazione specifica riguardante la pastorale dei giovani, attraverso corsi di formazione mirati ed esperienze vissute di apostolato e di evangelizzazione.

La terza proposta chiede che, all'interno di un autentico discernimento delle persone e delle situazioni secondo la visione e lo spirito della *Ratio fundamentalis institutionis sacerdotalis*, si valuti la possibilità di verificare il cammino formativo in senso esperienziale e comunitario. Questo vale specialmente per l'ultima tappa del percorso che prevede il graduale inserimento nella responsabilità pastorale. Le formule e le modalità potranno essere indicate dalle Conferenze Episcopali di ogni Paese, attraverso le loro *Ratio nationalis*.

Conclusione

Chiamati a diventare santi

165. Tutte le diversità vocazionali si raccolgono nell'unica e universale chiamata alla santità, che in fondo non può essere altro che il compimento di quell'appello alla gioia dell'amore che risuona nel cuore di ogni giovane. Effettivamente solo a partire dall'unica vocazione alla santità si possono articolare le differenti forme di vita, sapendo che Dio «ci vuole santi e non si aspetta che ci accontentiamo di un'esistenza mediocre, annacquata, inconsistente» (FRANCESCO, *Gaudete et exsultate*, n. 1). La santità trova la sua fonte inesauribile nel Padre, che attraverso il suo Spirito ci invia Gesù, «il santo di Dio» (*Mc* 1,24) venuto in mezzo a noi per renderci santi attraverso l'amicizia con Lui, che porta gioia e pace nella nostra vita. Recuperare in tutta la pastorale ordinaria della Chiesa il contatto vivente con l'esistenza felice di Gesù è la condizione fondamentale per ogni rinnovamento.

Risvegliare il mondo con la santità

166. Noi dobbiamo essere santi per poter invitare i giovani a diventarlo. I giovani hanno chiesto a gran voce una Chiesa autentica, luminosa, trasparente, gioiosa: solo una Chiesa dei santi può essere all'altezza di tali richieste! Molti di loro l'hanno lasciata perché non vi hanno trovato santità, ma mediocrità, presunzione, divisione e corruzione. Purtroppo il mondo è indignato dagli abusi di alcune persone della Chiesa piuttosto che ravvivato dalla santità dei suoi membri: per questo la Chiesa nel suo insieme deve compiere un deciso, immediato e radicale cambio di prospettiva! I giovani hanno bisogno di santi che formino altri santi, mostrando così che «la santità è il volto più bello della Chiesa» (FRANCESCO, *Gaudete et exsultate*, n. 9). Esiste un linguaggio che tutti gli uomini e le donne di ogni tempo, luogo e cultura possono comprendere, perché è immediato e luminoso: è il linguaggio della santità.

Trascinati dalla santità dei giovani

167. È stato chiaro fin dall'inizio del percorso sinodale che i giovani sono parte integrante della Chiesa. Lo è quindi anche la loro santità, che in questi ultimi decenni ha prodotto una multiforme fioritura in tutte le parti del mondo: contemplare e meditare durante il Sinodo il coraggio di tanti giovani che hanno rinunciato alla loro vita pur di mantenersi fedeli al Vangelo è stato per noi commovente; ascoltare le testimonianze dei giovani presenti al Sinodo che nel mezzo di persecuzioni hanno scelto di condividere la passione del Signore Gesù è stato rigenerante. Attraverso la santità dei giovani la Chiesa può rinnovare il suo ardore spirituale e il suo vigore apostolico. Il balsamo della santità generata dalla vita buona di tanti giovani può curare le ferite della Chiesa e del mondo, riportandoci a quella pienezza dell'amore a cui da sempre siamo stati chiamati: i giovani santi ci spingono a ritornare al nostro primo amore (cfr. *Ap* 2,4).

Indice

I parte
«Camminava con loro»

II parte
«Si aprirono loro gli occhi»

III parte
«Partirono senza indugio»

Stampa: Grafica Veneta S.p.A. - Trebaseleghe (PD)